T. Marin

Progetto italiano 1
Corso di lingua e civiltà italiana

Livello elementare - intermedio

Guida e chiavi

2ª edizione

© Copyright edizioni EdiLingua
www.edilingua.it
e-mail address: info@edilingua.it
via Moroianni, 65 12133 Atene
Tel./fax: ++30-1-57.33.900

II edizione: luglio 2001
Impaginazione e progetto grafico: EdiLingua
Registrazioni: Studio Echo
I.S.B.N. 960-7706-08-0

> I diritti di traduzione, di memorizzazione elettronica, di riproduzione
> e di adattamento totale o parziale, con qualsiasi mezzo (compresi i
> microfilm e le copie fotostatiche) sono riservati per tutto il mondo.

L'editore è a disposizione degli aventi diritto non potuti reperire; porrà inoltre rimedio, in caso di cortese segnalazione, ad eventuali omissioni o inesattezze nella citazione delle fonti.

Sentiamo il bisogno di ringraziare i colleghi che, con le loro preziose osservazioni sull'edizione precedente, ci hanno permesso di migliorare e completare, speriamo, quella nuova. Inoltre, un sentito ringraziamento a tutti voi per la tanto favorevole accoglienza.

ai nostri cari

edizioni EdiLingua

T. Marin - S. Magnelli **Progetto italiano 1**
Corso di lingua e civiltà italiana. Livello elementare - intermedio

T. Marin - S. Magnelli **Progetto italiano 2**
Corso di lingua e civiltà italiana. Livello medio

S. Magnelli - T. Marin **Progetto italiano 3**
Corso di lingua e civiltà italiana. Livello superiore

A. Cepollaro **Video italiano 1**
Videocorso italiano per stranieri. Livello elementare - intermedio

A. Cepollaro **Video italiano 2**
Videocorso italiano per stranieri. Livello medio

A. Cepollaro **Video italiano 3**
Videocorso italiano per stranieri. Livello avanzato

T. Marin **La Prova orale 1**
Manuale di conversazione. Livello elementare - intermedio

T. Marin **La Prova orale 2**
Manuale di conversazione. Livello medio - avanzato

A. Moni **Scriviamo!**
Attività per lo sviluppo dell'abilità di scrittura. Livello elementare - intermedio

M. Zurula **Sapore d'Italia**
Antologia di testi. Livello medio

T. Marin **Primo Ascolto**
Materiale per la comprensione orale. Livello elementare - intermedio

T. Marin **Ascolto Medio**
Materiale per la comprensione orale. Livello medio

T. Marin **Ascolto Avanzato**
Materiale per la comprensione orale. Livello superiore

T. Marin **l'Intermedio in tasca**
Preparazione alla prova scritta. Livello intermedio

Premessa

L'idea di un libro di testo per principianti è nata molto prima che queste righe venissero scritte. La sua progettazione e stesura sono maturate dalla consapevolezza che la lingua è un insieme in continua evoluzione e il flusso di teorie e tecniche didattiche che vanno dalla glottodidattica alla sociolinguistica altrettanto costante. Era tempo, quindi, di proporre qualcosa di nuovo, anche perché, come si sa, un libro può essere ideale per un gruppo di allievi ma, nello stesso tempo, non adatto agli obiettivi linguistici e comunicativi di un altro. Il libro che avete in mano, quindi, non ha la presunzione di essere perfetto oppure superiore ad altri di questo genere. Nostro scopo era quello di presentare un lavoro alquanto completo, in base alle nostre esperienze didattiche e ai suggerimenti dei tanti colleghi con cui abbiamo la fortuna di scambiare abbastanza spesso idee; in più, tenendo presente le nuove esigenze create sia dalle teorie recenti sia dalla realtà che le Certificazioni delle Università di Perugia e Siena hanno portato. Questo senza buttare via, come spesso avviene ultimamente, tutto ciò che gli approcci e i metodi precedenti hanno dato all'insegnamento delle lingue, bensì cercando un equilibrio, secondo noi mancato, tra l'utile e il piacevole, l'efficace e l'interessante.

Buon lavoro!
Gli autori

www.edilingua.it

Sul nostro sito troverete materiale supplementare per *Progetto italiano 1* e *2*: test di ricapitolazione alternativi a quelli del libro e attività da svolgere su Internet.

Inoltre, visitando il sito di EdiLingua potrete:

- ✔ trovare le chiavi di alcuni libri
- ✔ ascoltare brani audio
- ✔ consultare l'indice e la premessa di tutti i libri
- ✔ provare i libri, stampando pagine interne o intere unità
- ✔ ordinare i libri che vi interessano
- ✔ informarvi sulle nostre novità
- ✔ inviarci commenti e osservazioni e contribuire al miglioramento delle nostre pubblicazioni o alla progettazione di altre nuove
- ✔ trovare utili links italiani

Unità introduttiva

Progetto Italiano 1 - Guida e chiavi

Questa unità introduce, appunto, i primi elementi che permetteranno agli studenti di lavorare senza problemi su quella prossima. Si prosegue, quindi, in modo molto semplice, quasi tradizionale, cercando di evitare lo sforzo che le unità successive richiederanno agli studenti. Ciò potrebbe metterli a disagio in questa delicata prima fase dell'apprendimento. Un consiglio: meglio evitare di spiegare tutte le parole nuove, specie quelle del Libro degli esercizi.

LIBRO DEI TESTI

1 Oltre a parole che vedono sulle insegne, gli studenti possono citarne anche altre 'internazionali' (ciao, pizza ecc.). Inoltre, guardando anche il collage, possono esprimere (in lingua madre, ovviamente) cosa significa per loro la parola 'Italia'.

2 Può far ascoltare le parole registrate oppure leggerle agli studenti. Sta a Lei decidere se darne il significato o meno.

3 Faccia ascoltare la cassetta che contiene dieci parole. È comunque consigliabile premere il tasto 'pause' dopo ogni parola per controllarne il ritmo. Le parole sono: <u>*cucina, giornata, Grecia, righe, auguri, chi, ceramica, Germania, calcio, gesto*</u>. Non è necessario spiegare agli studenti il significato delle parole, in quanto lo scopo di quest'attività è puramente fonetico.

4 È consigliabile spiegare fin dall'inizio la situazione ("Giorgia con due..."). In seguito, può leggere il dialogo agli studenti e, subito dopo, farlo leggere a loro. È il primo testo che incontriamo e presenta oltre ai verbi *essere* e *chiamarsi* (io/tu) alcuni elementi comunicativi (ringraziamenti - saluti ecc.). Prima di spiegare le parole nuove, potrebbe stimolare la comprensione ponendo domande in lingua madre e scrivere alla lavagna le risposte da loro date, in italiano. In questo modo lo studente non si blocca se non può esprimersi ancora e impara nuove parole italiane. Poi, si può passare agli esercizi scritti indicati, da svolgere a casa o in classe. A questo punto è sconsigliabile insistere sulla pronuncia giusta di lettere non ancora studiate.

5 Ogni studente può pronunciare lettera per lettera il suo nome e/o cognome.

6 Questa scheda può non essere tradotta in quanto è di facile comprensione. Può, invece, fare da attività di pronuncia. In più, una o due letture ad alta voce potrebbero facilitarne la memorizzazione.

7 Con questi quattro mini dialoghi si introducono alcuni elementi grammaticali (chi, quanto/i, di dove, verbi *avere* e *chiamarsi* ecc.). Dopo una lettura da parte Sua e/o una da parte degli studenti (uno per ogni dialogo), può passare alla presentazione dei nuovi elementi, grammaticali e lessicali. Il verbo *avere* viene presentato attraverso alcune espressioni in cui si usa più spesso. Sta a Lei spiegarle o meno.

8 Questa è praticamente la prima attività di espressione libera orale che proponiamo agli studenti. Spieghi loro dettagliatamente cosa devono fare: le due persone che sceglierà faranno un breve dialogo davanti al resto della classe; l'uno porrà le domande date, cambiando semplicemente la persona ("come ti chiami", invece di

Progetto Italiano 1 - Guida e chiavi
Unità introduttiva

come "si chiama") e l'altro risponderà con i suoi dati personali. Lei dovrebbe intervenire solo per dare spiegazioni supplementari e non per correzioni linguistiche. In altri termini, poiché questa è la prima volta che parlano effettivamente da soli in italiano, vanno quanto possibile animati e incoraggiati. Alla fine del dialogo A deve riferire al resto della classe le informazioni ricevute da B. In seguito, i due studenti possono scambiarsi ruoli, mentre altre persone ripeteranno il dialogo, affinché parlino tutti. Ci troviamo ad un punto molto delicato dell'apprendimento che può determinare la capacità degli studenti di esprimersi in modo autonomo e spontaneo; bisogna, quindi, incoraggiarli continuamente e segnalare loro quello che hanno compiuto: parlare in italiano. Nota: l'espressione "si scrive" va tradotta (ma non analizzata) per evitare confusioni con "si chiama".

9 Lavori come in 2 e 3: *massa, chiesa, scenario, supermercato, passo, liscio, scostumato, entusiasmo, scemo, naso.* Non è necessario dare la traduzione delle parole.

10 Anche osservando da soli la scheda grammaticale, gli studenti dovrebbero essere in grado di inserire gli articoli mancanti in questo esercizio. Lei potrebbe dare più spiegazioni dopo aver controllato le risposte.

11 Come prima: *campagna, palio, maglione, scherzo, gloria, signore, zingaro, mazzo, maggio, esercizi, sezione, Giorgio.*

12 Un'idea sarebbe quella di lavorare come in 10, cioè esercitare prima e spiegare dopo: in altri termini, lasciare che gli studenti deducano la regola da soli. Dovrebbe, comunque, spiegare loro l'obiettivo di questa attività che mira ad un'autonomia maggiore. Cioè devono imparare ad imparare e non ricevere conoscenze in modo passivo. Questa, più o meno, è la filosofia dell'intero corso.

13 Lavori come in 2 e 3: *anno, biglietto, marino, angolo, occhio, affetto, calo, terra, lettera, ramo*.

Questionario: ovviamente, dovrà tradurre quasi tutto. Lo scopo di questa attività è doppio: da un lato gli studenti si rendono conto di quello che effettivamente gli interessa. D'altra parte, è molto importante anche per Lei sapere dove vuole arrivare ognuno: così sarà in grado di aiutare, giudicare e, magari, comunicare meglio con i Suoi alunni. Inoltre, è consigliabile far loro consultare le risposte almeno una volta durante il corso.

Test finale:
Il test finale di ogni unità si può svolgere in più modi, in classe, oppure a casa. Nel primo caso lasci agli studenti il tempo che ritiene sufficiente a seconda della lunghezza della prova; una volta arrivati alla fine, e con un breve intervallo, possono riferire le loro risposte mentre Lei darà quella giusta. Alla fine ognuno calcolerà la sua percentuale di risposte esatte. Nel caso in cui gli studenti non sono adulti tale procedura li rende più responsabili; stia, comunque, attento a non trasformare la lezione in un concorso in cui conta il risultato e non l'apprendimento.
Nel secondo caso, test assegnato a casa - preferibile per studenti adulti - cerchi di trasmettere alla classe una mentalità tale da incoraggiarli a sforzarsi senza ricorrere al libro. Infine, c'è sempre l'alternativa dell'autocorrezione: da soli gli studenti fanno il test, controllano le risposte e Lei interviene solo per verificarle, per possibili dubbi ecc.. In tal modo si portano ad un'autonomia e ad una consapevolezza delle loro debolezze.

Unità introduttiva

Progetto Italiano 1 - Guida e chiavi

LIBRO DEGLI ESERCIZI

1
1. Mara e Anna **sono** alte.
2. Noi **siamo** italiani.
3. Tu e Carla **siete** ricche?
4. Tu **sei** bello.
5. Io **sono** studente.
6. Gianni **è** basso.

2
1. Io e Marta **siamo** amici.
2. Voi **siete** francesi?
3. I libri **sono** interessanti.
4. Tu **sei** intelligente.
5. Il signor Arturo **è** malato.
6. L'italiano **è** facile?

3
1. Lui **è** a Milano.
2. Voi **siete** in Germania.
3. Noi **siamo** studenti.
4. I ragazzi **sono** malati.
5. Tu **sei** argentino?
6. La porta e la finestra **sono** rosse.

4
1. Maria — **b.** è romana
2. L'esercizio — **a.** è facile
3. Tu e Antonio — **b.** siete amici
4. Gli studenti — **a.** sono stranieri
5. Tu — **b.** sei contento
6. Voi — **a.** siete liberi

5
1. Carmen **ha** una casa.
2. Sandra e Gloria **hanno** un amico americano.
3. Tu **hai** una bella macchina.
4. Tu e Gino **avete** un gatto bianco?
5. Io e Angela **abbiamo** un'idea.
6. Io **ho** un problema.

6
1. Voi **avete** sempre belle idee.
2. Matteo e Marta **hanno** 25 anni.
3. Io **ho** ragione.
4. Noi **abbiamo** fame.
5. Giulia e Piero **hanno** una Fiat.
6. **Hai** tu le chiavi?

7
1. Maria — **b.** ha un'amica italiana
2. I signori Rossi — **a.** hanno una figlia bella
3. Voi — **b.** avete fretta
4. Io — **a.** ho 30 anni
5. Tu — **c.** hai paura
6. Io e Gianni — **a.** abbiamo freddo

8
1. Tu **ti chiami** Maria?
2. Io **mi chiamo** Piero.
3. Lui **si chiama** Sergio.
4. Io **mi chiamo** Sabrina.
5. Lei **si chiama** Marcella.
6. Tu **ti chiami** Marco?

9
1. Lei **si chiama** Anna.
2. Tu **ti chiami** Giorgio?
3. Io **mi chiamo** Vittorio.

10
a. D: Chi è Mariella Console?
R: **È italiana**.
b. D: Chi sono Gino e Carla?
R: **Sono italiani**.

8

Unità introduttiva

D: Di dove è?
R: **È di Bari**.
D: Quanti anni ha?
R: **Ha 19 anni**.

D: Di dove sono?
R: **Lui è di Firenze e lei è di Pisa**.
D: Quanti anni hanno?
R: **Lui ha 24 anni e lei ha 23 anni**.

11
la Francia	**lo** zaino	**il** corpo
la casa	**il** vestito	**la** Spagna
la penna	**il** Belgio	**l'**albero
il cielo	**il** caldo	**il** gioco

12
lo psicologo	**la** porta	**l'**aria
il libro	**gli** Stati Uniti	**l'**Italia
la pagina	**l'**uomo	**la** chiesa
il tavolo	**la** donna	**lo** zio

13
le lettere	**gli** amici
le partite	**le** fermate
gli studenti	**le** chiavi
i treni	**le** pizze
i negozi	**i** colori

14
le strade	**gli** aerei
gli amori	**i** francesi
i sentimenti	**i** nipoti
i dolci	**gli** stivali
gli orologi	**le** camere

15
i bicchieri	**le** stanze
le giornate	**i** pesci
i mari	**le** notti
gli americani	**i** postini
le bambole	**i** pezzi

16
i ballerini	**le** professoresse
i campioni	**le** luci
i cugini	**le** nazioni
le lingue	**gli** appartamenti
le stelle	**le** macchine

17
i turisti	**i** bar
le foto	**gli** stilisti
le città	**i** cinema
gli sport	**le** tesi

i problemi	**le** auto
le università	**gli** autisti
i test	
i film	

TEST FINALE

A
1. **il** libro
2. **la** scuola
3. **il** ristorante
4. **il** mare
5. **la** ragazza
6. **l'**oro
7. **il** telegramma
8. **gli** italiani
9. **gli** spagnoli
10. **le** mattine
11. **i** piatti
12. **le** isole

B
1. **l'**aereo — **gli** aerei
2. **la** borsa — **le** borse
7. **la** chiave — **le** chiavi
8. **il** giornale — **i** giornali

Unità introduttiva

Progetto Italiano 1 - Guida e chiavi

    3. **il** problema   **i** problemi   9. **il** cinema   **i** cinema
    4. **l'**ospedale   **gli** ospedali   10. **il** barista   **i** baristi
    5. **la** sintesi   **le** sintesi   11. **lo** zio   **gli** zii
    6. **la** città   **le** città   12. **la** carne   **le** carni

C 1. Io e Gianni **siamo** di Bologna.
    2. Ho **un** problema serio.
    3. Tu, come **ti** chiami?
    4. Noi siamo studenti.
    5. Anna e Federica sono **straniere**.
    6. Chi è questo ragazzo?

Progetto Italiano 1 - Guida e chiavi .... **Unità 1**

Questa è la prima unità completa e, poiché presenta più elementi diversi (veda indice generale), bisogna dedicarle più ore rispetto ad altre (in tutto sulle 10-12), andando piano e non pressando gli studenti. Anche in questa unità non è necessario spiegare ogni parola nuova.

LIBRO DEI TESTI

1 Dopo aver spiegato il contesto, faccia ascoltare il dialogo una o due volte a libri chiusi. ("Mara e Gianna..."). Lo faccia poi riascoltare (quante volte ritiene necessario, basta che ciò non risulti noioso) guardando solo le domande di vero/falso. Se vuole può controllare subito le risposte degli studenti, oppure (forse meglio, poiché siamo all'inizio) farlo dopo la lettura (punto 3). Comunque, pure soltanto il loro tentativo di capire ascoltando è utilissimo. In quanto, a questo punto dell'apprendimento è molto importante anche solo la fonetica che farà capire meglio i suoni tipici italiani. Le risposte sono: *1 falso, 2 falso, 3 falso, 4 vero.* Veda anche la premessa del libro dei testi. Sarebbe consigliabile 'riscaldare' la classe facendo una breve discussione - in lingua madre - sul lavoro che ognuno fa, che vorrebbe fare, sul proprio orario, ecc..

2 Se crede che gli studenti non siano ancora in grado di rispondere a queste domande può leggere una volta il testo ad alta voce e poi farlo leggere a due di loro. Se hanno ancora difficoltà, può spiegare il lessico nuovo, anche se dovrebbero cercare di rispondere senza conoscere tutti gli elementi nuovi. In ogni caso sarebbe sconsigliabile fare riflessioni su elementi estranei agli obiettivi didattici di questa prima unità come le preposizioni semplici e articolate (che vedremo più avanti) ecc..

3 Veda sopra (n. 2). Inoltre, bisogna dire che si divertono ad imitare l'intonazione e, divertendosi, aumenta la loro motivazione, il loro filtro affettivo verso la lingua italiana.

4 Osservando il dialogo e gli esempi dati sopra, gli studenti dovrebbero tentare di collegare le frasi. Ancora una volta lo scopo è quello di non spiegare subito la grammatica, ma portare loro alla sua scoperta, almeno inconscia.

5 Vale quanto detto in 4: sono in grado di completare il testo, magari non conoscendo ogni parola nuova. Cerchi, comunque, di dare agli studenti il tempo di cui hanno bisogno. L'ordine esatto dei verbi è: *lavori, lavoro, pagano, cominciate, finite, apre, chiude, prendo, torno.*

6 Dopo alcune Sue spiegazioni sulla scheda grammaticale, gli studenti rispondono subito a semplici domande orali che hanno lo scopo di controllare la comprensione o meno del presente indicativo. Nello stesso tempo Lei ha la possibilità di risolvere possibili dubbi. Gli esercizi scritti che seguono possono essere svolti individualmente a casa, oppure in classe.

7 Qua, invece di presentare subito la grammatica, la lasciamo dedurre agli studenti attraverso un breve e divertente testo. Forse dovrà dare la spiegazione di una o due parole per facilitarne la comprensione, oppure indicare semplicemente uno degli articoli indeterminativi del testo.

Unità 1

8 - 9 Dopo aver risposto alle domande orali per la comprensione e consultando la scheda grammaticale, gli studenti devono completare un dialogo simile a quello di prima per la comprensione scritta. Qui si comincia a far produrre ai discenti iniziando a far capire loro il meccanismo della lingua, la sintassi ecc..

11 Può lavorare in due modi: far leggere il dialogo, spiegarlo e andare avanti con i mini dialoghi del n. 12, oppure fare lo stesso spiegando il dialogo solo alla fine.

12 Sono accettabili più risposte. In questo modo gli studenti possono recuperare dal loro bagaglio culturale, dalla loro madre lingua dei dati con i quali potranno fare lingua dalla prima unità ed esserne entusiasti.

13 Consultando la scheda di sopra gli studenti devono lavorare proprio come nel n. 8 dell'unità introduttiva. Di nuovo A può riferire le risposte ricevute da B, si possono scambiare ruoli e altre coppie possono ripetere. Se vuole, può assegnare il role-play a più coppie contemporaneamente e lasciare che parlino tra di loro senza intervenire. In seguito, però, ognuno dovrà riferire al resto della classe le informazioni ricevute dal compagno. Lei deve incoraggiarli solo a parlare in italiano.

14 Qua gli studenti possono lavorare da soli o in coppia, magari con una breve Sua spiegazione di ogni saluto (p.e. della scheda a pagina 24 del Libro dei testi). Da considerare giuste le seguenti combinazioni: *1a, 1d / 2a, 2d / 3d / 6b, 6c / 6d*. Si potrebbe anche organizzare un'attività ludica. Ritagliando per esempio dei foglietti sui quali scrivere personaggi più o meno famosi, farli descrivere da un gruppo e farli poi indovinare da un altro.

15 Qua, ovviamente, sono accettabili più risposte, specie nell'ultima situazione, che è abbastanza vaga. In ogni caso, l'esercizio va svolto in classe in quanto gli studenti possono così confrontarsi tra di loro e discutere poi sulle risposte date.

16 Vale quanto detto nel n. 8 dell'unità introduttiva. In più, gli studenti potrebbero recitare i mini dialoghi anche in piedi e simulando ogni volta l'intera situazione, creando l'atmosfera di un gioco di società, a patto che non si sentano a disagio.

17 Molto probabilmente presentando il presente indicativo avrà già accennato alla forma di cortesia. Qua si ha l'opportunità di spiegarne meglio l'uso e di far esercitare gli studenti nel n. 18.

19 Come epilogo di questa prima unità presentiamo il vocabolario relativo all'aspetto e al carattere.

20 Con l'aiuto della *Pietà* di Michelangelo presentiamo le parti del corpo. Sarebbe sconsigliabile e inutile chiedere agli studenti di memorizzare tutte queste parole nuove. Può comunque fare un breve e semplice gioco: chiedere a ognuno di loro di indicare il punto da Lei richiesto ("dov'è il tuo gomito?"). Si dovrebbero dare delle istruzioni nella lingua madre.

Progetto Italiano 1 - Guida e chiavi

Unità 1

21 Un'altra attività a libro aperto. In questo modo non 'insegniamo' lessico nuovo, ma lo lasciamo usare agli studenti in modo creativo per arrivare da soli all'apprendimento. 21b potrebbe avere delle variazioni: uno degli studenti sceglie un compagno e risponde con un sì o con un no alle domande della classe, che cerca di indovinare di chi si tratta (ha i capelli lunghi?, è alto? ecc.).

22 In base a quanto letto e appreso nel corso dell'unità, gli studenti possono scegliere tra i temi dati e scrivere un brevissimo compito (magari più lungo delle 40 parole proposte). Sono in grado di farlo, ma Lei dovrebbe forse incoraggiarli un po'. La correzione può essere fatta alla lavagna in modo impersonale, con un'analisi maggiore degli errori comuni e, magari, qualche parola di coraggio, poiché questo è il loro primo tentativo di scrivere in italiano.

Test finale: veda i suggerimenti dell'unità introduttiva

Conosciamo l'Italia

Se il tempo c'è, si possono spiegare le parole più difficili del testo. Si potrebbe fare anche un discorso in lingua madre sulle città italiane che ognuno conosce, di quale città si vorrebbe visitare e perché, di quelle già visitate (impressioni) ecc.. Più informazioni sulle città italiane in *Progetto italiano 2* (3ª unità). Di tutto quello detto in lingua madre si potrebbe fare la traduzione e scriverlo alla lavagna. In questo modo gli studenti avranno la possibilità di arricchire il loro vocabolario.

LIBRO DEGLI ESERCIZI

1
1. Donato **lavora** tanto.
2. Io **aspetto** una lettera molto importante.
3. Il professor Giannini **riceve** gli studenti dopo la lezione.
4. Tu e Giacomo **parlate** bene l'inglese.
5. Noi **preferiamo** bere un espresso.
6. Alberto non **pulisce** mai il suo appartamento.
7. Le fotomodelle **guadagnano** tanto.
8. Antonella e Piero **abitano** a Cesena.
9. Io **sono** di Napoli, ma **vivo** a Milano.
10. Dove **vivono** Marco e Tiziana?

2
1. Voi **sentite** spesso musica classica?
2. Tu **guardi** con piacere la tv?
3. Lei, signorina, quando **parte**?
4. Anche tu non **fumi**?
5. Voi **capite** tutto?
6. No, non **vediamo** spesso film italiani.
7. Ora noi **abbiamo** una nuova macchina.
8. **Partiamo** verso le sette.
9. Noi **perdiamo** spesso l'ombrello.
10. Voi oggi **prendete** la macchina?

3
1. Che cosa scrivi?   **Scrivo** una lettera.
2. Dove **vivete**?   Viviamo a Pisa.

Unità 1

Progetto Italiano 1 - Guida e chiavi

    3. Cosa **senti**? — Sento un disco di Vasco Rossi.
    4. Guardi spesso la televisione? — No, non **guardo** spesso la tv.
    5. Signor Antonucci, cosa **prende**? — Prendo un caffè.
    6. Mangiamo una pizza? — No, **mangiamo** gli spaghetti.
    7. **Comprendi** quando parlo? — Sì, comprendo abbastanza bene.
    8. Pensate già in italiano? — No, **pensiamo** in spagnolo.
    9. È vero che apri una libreria? — Sì, **apro** una libreria italiana.
  10. Dove **vivete**? — Viviamo a Napoli.

4
1. Io, invece, **finisco** presto.
2. Luca **finisce** di lavorare prima.
3. **Preferisco** una Coca cola.
4. No, **preferisco** andare via.
5. **Finisco** questo lavoro domani.
6. Se parla velocemente, non **capisco** niente.
7. Certo, ma **pulisco** prima la mia.
8. **Finiamo** di studiare quest'anno.
9. Gli operai **costruiscono** la casa.
10. **Preferisco** fare le vacanze a Natale.

5
1. **c.** Marco mangia una mela.
2. **a.** Noi partiamo subito.
3. **b.** Luciano Pavarotti e Andrea Bocelli sono cantanti lirici.
4. **c.** Signor Marcello, abita a Cremona?

6
1. Le ragazze **parlano** bene l'italiano.
2. Noi non **lavoriamo** in quella libreria.
3. I negozi **aprono** ogni giorno.
4. Patrizia e Vanna **cominciano** a lavorare tardi.
5. Voi **leggete** un giornale tedesco.
6. Anche Stefano **abita** in centro.
7. Io **ripeto** la lezione.
8. Voi **preferite** uscire?
9. Loro **ascoltano** una canzone francese.
10. Voi non **parlate** ancora bene l'italiano.

7
1. Voi non **conoscete** molti cantanti italiani.
2. Lui, invece, **parte** oggi.
3. Anche tu **mangi** molta carne.
4. Voi **cominciate** a capire gli italiani.
5. Voi, invece, **scendete** sempre con l'ascensore.
6. Brigitte e Karl **cercano** un mini appartamento.
7. Lei **prende** l'aereo.
8. Loro **bevono** il vino.
9. Loro **pensano** di partire domani.
10. Io **ascolto** musica rap.

8
1. **un** amico italiano
2. **un** mare azzurro
3. **una** ragazza americana
4. **un** libro di storia
5. **uno** zaino blu
6. **un'**amica tedesca
7. **un** orologio nuovo
8. **un** vaso antico
9. **un** film vecchio
10. **una** finestra aperta

9
1. **un** oggetto misterioso
2. **un'**amica romana
3. **uno** zio napoletano
4. **un** problema nuovo
6. **un** gatto nero
7. **un** piatto rotto
8. **una** trasmissione noiosa
9. **un** ragazzo sincero

5. **una** casa comoda

10. **una** persona strana

10 1. *Libro interessante*
Il libro è interessante.
I libri sono interessanti.
Il libro e la proposta sono interessanti.

Proposta interessante
La proposta è interessante.
Le proposte sono interessanti.
Le proposte e i libri sono interessanti.

2. *Mario intelligente*
Mario è intelligente.
Mario e Franco sono intelligenti.
Mario e Carla sono intelligenti.

Carla intelligente
Carla è intelligente.
Carla e Anna sono intelligenti.
Anna e Franco sono intelligenti.

3. *Caffè dolce*
Il caffè è dolce.
I caffè sono dolci.
Il caffè e la crema sono dolci.

Crema dolce
La crema è dolce.
Le creme sono dolci.
Le creme e i caffè sono dolci.

4. *Giardino grande*
Il giardino è grande.
I giardini sono grandi.
Il giardino e la casa sono grandi.

Casa grande
La casa è grande.
Le case sono grandi.
Le case e i giardini sono grandi.

11 1. Dove vivi?
2. Sei inglese (americana ecc.)?
3. Quanti anni hai e perché sei in Italia?
4. Dove abiti?
5. Come ti chiami?
6. Dove scendi?
7. Conosci bene la mia città?
8. Sei spagnola?

12 1. Da **quanto tempo** sono a Roma i vostri amici?
2. Ragazzi, **abitate** ancora vicino allo stadio?
3. Sì, sono **francese**; sono di Parigi.
4. Sono in Italia **da una settimana**.
5. Signori, **di dove siete**?
6. Non **sono straniero**; sono siciliano, sono di Palermo.

13 - Buongiorno!
- Come stai, Sergio?
- Bene, grazie, e tu?
- Abbastanza bene, grazie.
- Arrivederci.
- Arrivederci.

- Buongiorno!
- Come **sta**, signor Antonio?
- Bene, grazie, e **Lei**?
- Abbastanza bene, grazie.
- Arriveder**La**!
- Arriveder**La**!

- Buona sera, Anna, come stai, bene?
- Oggi non sto tanto bene.

- Buona sera, signora, come **sta**?
- Oggi non sto tanto bene.

Unità 1

Progetto Italiano 1 - Guida e chiavi

- Che cosa hai?	- Che cosa **ha**?
- Ho mal di testa.	- Ho mal di testa.
- Mi dispiace, tu lavori troppo!	- Mi dispiace, forse **lavora** troppo!
- Sì, ma cosa posso fare?	- Sì, ma cosa posso fare?
- Purtroppo nulla!	- Purtroppo nulla!
- Ciao!	- Arrieder**La**!
- Ciao!	- Arrieder**La**!
- Salve, Sandra, come stai?	- Egregio avvocato, come **sta**?
- Benissimo, grazie, e tu?	- Bene, grazie, e **Lei**?
- Anch'io sto bene!	- Anch'io sto bene!
- Non hai più mal di testa?	- Non **ha** più mal di testa?
- No, per fortuna!	- No, per fortuna!
- Sono contento. Ciao!	- Sono davvero contento. Arrieder**La**!
- Ciao!	- Arrieder**La**!

14
1. In generale gli irlandesi hanno i capelli — **a. rossi**
2. Gli italiani del Sud hanno la pelle — **b. scura**
3. I giocatori di basket sono — **a. alti**
4. Gli svedesi hanno i capelli — **a. biondi**
5. Una persona che pesa 100 chili è — **a. grassa**
6. Generalmente le bionde hanno gli occhi — **a. verdi**
7. Di solito gli uomini hanno i capelli — **b. corti**
8. I negri hanno i capelli — **b. ricci**

15
1. Anna Rita è — **b. triste**
2. Adriano Celentano è — **a. simpatico**
3. Laura è — **b. magra**
4. Lucia è — **a. giovane**
5. Marco è — **a. aperto**
6. Valeria è — **a. bella**

TEST FINALE

A
1. **a.** Noi lavoriamo molto!
2. **c.** Signora, come si chiama?
3. **a.** Da quanto tempo è in Italia, signorina?
4. **b.** Di dove sei?
5. **b.** Questo libro è interessante.
6. **b.** Anna è italiana, di Roma.
7. **a.** Sandra, dove abita Rosa?
8. **a.** Noi partiamo subito.
9. **b.** Io non capisco quando parli.
10. **a.** Noi finiamo di studiare presto.

B
1. le tes**i** diffici**li**
2. le attric**i** not**e**
5. gli aere**i** modern**i**
6. gli stipend**i** alt**i**

Progetto Italiano 1 - Guida e chiavi

Unità 1

3. i pie**di** rot**ti**
4. l**e** ide**e** original**i**
7. gli occh**i** verd**i**
8. l**e** aut**o** grand**i**

C **Cruciverba**

1. Pancia
2. Polso
3. Orecchio
4. Piede
5. Ginocchio
6. Unghie
7. Gomito
8. Gamba
9. Fronte
10. Mano

Unità 2

Progetto Italiano 1 - Guida e chiavi

In questa unità presentiamo i verbi irregolari del presente indicativo, le preposizioni con i verbi di moto, i verbi modali e diversi elementi comunicativi (veda indice generale).

LIBRO DEI TESTI

1 Lavori come suggerito nel n.1 dell'unità precedente. Le risposte giuste sono: *1f, 2v, 3f, 4v*. Sarebbe consigliabile fare una brevissima discussione (sempre a libro chiuso) in lingua madre su Eros Ramazzotti; cosa ne sanno, come immaginano la vita di una persona famosa in genere ecc.. Questo preparerebbe la classe al brano che andrà ad ascoltare e all'argomento presentato.

2 Le domande hanno per lo più lo scopo di controllare la comprensione del testo e non tanto di ripetere alcune preposizioni (in campagna, a ballare), perché per ora lo studio di questo fenomeno grammaticale è ancora prematuro.

4 Obiettivo principale dell'attività è fare esercitare gli studenti su questi due verbi nuovi. L'esercizio e la scheda grammaticale di sopra (che andrebbe tradotta) fanno da introduzione alle preposizioni che vedremo nei minimi particolari a pagina 35; per cui suggeriamo di non presentarle ora in dettaglio.

5 Questo è un punto difficile dell'unità poiché vengono presentati dodici verbi irregolari. Una lettura ad alta voce dell'intera scheda da parte degli studenti sarebbe forse una buona introduzione. Se l'esercizio orale non basta, si possono utilizzare (prima oralmente e poi per iscritto) anche gli esercizi 3 e 4 del Libro degli esercizi.

6-7 Questo intervallo comunicativo è stato inserito anche per 'alleggerire' la lezione. Può far leggere i mini dialoghi agli studenti e poi spiegarli, oppure dare spiegazioni dopo che avranno completato l'esercizio 7.

8 Come suggerito nel n.13 dell'unità 1 i mini dialoghi possono essere svolti anche da più coppie contemporaneamente. L'importante è che gli alunni si esprimano in italiano e si sentano liberi. Eviti qualsiasi intervento di tipo 'scolastico' e cerchi di aiutare e incoraggiare lo svolgimento dell'attività. Potrebbe, quindi, muoversi tra le varie coppie fingendo quasi disinteresse per la qualità di lingua usata. Il contrario aumenterebbe la pressione psicologica degli studenti. In un secondo momento, potrebbe correggere gli errori che lei ha notato alla lavagna senza dire chi li ha fatti; in questo modo evita quel probabile senso di colpevolezza che in uno studente più timido può provocare un abbassamento della motivazione.

9 La scheda grammaticale presenta i vari significati dei tre verbi e può essere letta dagli studenti e spiegata da Lei.

10 Anche se il testo introduce parecchi elementi nuovi, può essere usato come attività di comprensione scritta. Un'idea, quindi, sarebbe quella di lasciare agli studenti alcuni minuti per leggere il testo (individualmente) e invitarli a rispondere alle domande orali proposte da noi, oppure ad altre che potrebbe proporre Lei. In seguito, si passa a spiegare il lessico nuovo. Alla fine, se c'è tempo, si invitano gli studenti a descrivere in breve la loro abitazione; se non si può, si proporrà l'attività nella lezione seguente. La stessa attività viene proposta per iscritto a pagina 39.

12 La scheda grammaticale presenta i tre principali verbi di moto con le preposizioni semplici (all'eccezione di *al* cinema ecc..) Leggendola può spiegare le varie categorie: città, paese, mezzo, ecc..

13 Scopo del testo, che può essere usato per la comprensione scritta come quello del n.10, è quello di introdurre i giorni della settimana e particolarità come la differenza tra *lunedì* e *il lunedì* (ogni lunedì), *martedì prossimo*, *mercoledì sera* ecc..

14-15 Vengono presentati i vari modi per dire l'ora, ma, poiché non abbiamo visto ancora in dettaglio le preposizioni articolate, non viene presentata la forma *alle due* ecc.. Se vuole, può andare a pagina 43 e farne un'introduzione. Nell'esercizio 15 gli studenti vedono anche le forme *scusa* e *scusi* che dovrebbero essere spiegate senza un'analisi approfondita.

Test finale: veda i suggerimenti dell'unità introduttiva.

Conosciamo l'Italia

Questa prima lezione di civiltà rappresenta abbastanza il modo in cui si dovrà lavorare sulle altre. Scopo di questi brani è fornire informazioni sulla realtà italiana di oggi e, nello stesso tempo, servire da letture per la comprensione scritta. Anche se ci saranno parole sconosciute, gli studenti sono in grado di rispondere alle domande proposte. Se il tempo lo permette, può spiegare il lessico nuovo, ma solo dopo la verifica delle risposte.

È ovvio che la civiltà non deve necessariamente essere presentata alla fine dell'unità, ma anche quando il tempo a disposizione lo permette, per esempio nell'ultimo quarto della lezione, o come compito da svolgere a casa. A tal fine, come avrà notato, è stata 'tagliata' in piccoli pezzi ed ognuno di essi è accompagnato da un'attività di comprensione, di varia tipologia.

1 Le risposte sono: *1b, 2b, 3c*
3 Le affermazioni esatte sono: *2, 3, 6*

LIBRO DEGLI ESERCIZI

1 1. Io **vado** spesso a mangiare fuori.
2. Antonio e Sergio **vanno** in Francia.
3. Tu e Mariella **andate** a teatro domani?
4. Voi **venite** da soli o insieme a Marta?
5. Domani Daniele e Bruno **vengono** a cena a casa mia.
6. **Vieni** anche tu in macchina?

2 1. Ragazzi, dove andate con questo caldo?   **Andiamo** a fare un bagno.
2. **Vieni** anche tu in discoteca?   No, io non vengo; sono stanco.

Unità 2

Progetto Italiano 1 - Guida e chiavi

3. Sapete se vengono a piedi o in macchina?   Io so che **vengono** in macchina.
4. Quando vai in Italia?   **Vado** in Italia il mese prossimo.
5. **Andate** al cinema o restate a casa?   Andiamo al cinema.
6. Quando viene Sara?   Se non sbaglio, **viene** domani.

3
1. Noi non **facciamo** nessun errore.
2. Voi **andate** a Roma fra una settimana.
3. Io **vengo** con Marisa.
4. Amore, **spegni** la TV e poi **vieni** a letto?
5. Noi **andiamo** in discoteca.
6. Io **esco** senza far rumore.
7. Noi **cerchiamo** di conoscere qualche italiana!
8. Voi **sapete** come si chiama?
9. Lui non **dice** mai la verità.
10. Io **vado** a bere qualcosa.

4
1. Voi **uscite** adesso o più tardi?
2. Antonio **va** a pranzo da Eva.
3. Maria, **dai** per favore questo libro a Cinzia?
4. Io e tuo padre **paghiamo** molto per i tuoi studi!
5. Giacomo e Valeria **rimangono** ancora qualche giorno in città.
6. Io **bevo** una birra; tu cosa **bevi**?
7. Ragazzi, prima di andare a letto, **spegnete** la luce.
8. Stasera noi **giochiamo** a carte.
9. Noi **stiamo** ancora un po'.
10. Che cosa **fate** quando uscite, ragazzi?

5
1. Oggi Carlo non **esce** perché domani parte.
2. Noi **stiamo** veramente bene in questa città.
3. Per tornare a casa, Mario e Lidia **fanno** sempre la stessa strada.
4. Molte persone non **dicono** spesso la verità.
5. Giorgio, **bevi** un altro bicchiere di vino?
6. Pagate sempre voi; questa volta **paghiamo** noi.
7. Saverio, **dai** tu il latte al bambino?
8. Sei sicuro che **cerchi** nel posto giusto?
9. Ma **vengono** o non **vengono** i tuoi amici?
10. Chi **va** a prendere le sigarette?

6
1. **a**. Facciamo ancora tanti errori.
2. **a**. State bene?
3. **a**. Esce solo con il fidanzato.
4. **a**. Questa sera vado a teatro.
5. **a**. I tre tenori danno un concerto.
6. **b**. Tu non bevi vino.
7. **c**. Non sappiamo dove abita Giulio.
8. **c**. Non vengo da solo.

7
1. Noi **dobbiamo far presto** perché il treno parte.
2. Sergio non **può restare** di più.
3. Noi **vogliamo visitare** Firenze.
4. Gli autisti **devono fare attenzione** quando guidano.

20

Progetto Italiano 1 - Guida e chiavi

Unità 2

5. Voi non **potete pronunciare** bene la zeta.
6. Noi **dobbiamo andare** al supermercato.
7. Noi **vogliamo cambiare** auto.
8. Voi non **potete fare** tutto da soli.

8
1. Vuoi bere qualcosa? — Grazie, non **voglio bere** niente.
2. Allora, **dovete** partire? — Sì, purtroppo dobbiamo partire.
3. Potete aspettare ancora un po'? — Sì, **possiamo aspettare** ancora un'ora.
4. **Vuoi invitare** i tuoi amici? — Non voglio invitare i miei amici perché studiano.
5. Devi leggere tutto il libro? — Sì, **devo leggere** tutto il libro.
6. **Potete passare** prima delle sette? — No, possiamo passare dopo le otto.

9
Anna: Ciao, ragazze, **potete** passare da me questa sera?
Laura: Sì, io **posso**; non so se lei **può**.
Lidia: Io **voglio** venire, ma **devo** prima telefonare a Piero.
Laura: Vai subito a telefonare perché a quest'ora Piero **deve** essere a casa.
Lidia: Se è libero, **posso** portare anche lui?
Anna: Ma certo, mia madre è da tanto che **vuole** conoscere Piero.
Laura: Non **puoi** immaginare quanto sono felice!
Anna: Allora, ci vediamo stasera?
Laura: Certo; ciao, e tanti saluti a tua madre!!

10
1. *259* = duecentocinquantanove
2. *1.492* = millequattrocentonovantadue
3. *873* = ottocentosettantatré
4. *14°* = quattordicesimo
5. *1.978* = millenovecentosettantotto
6. *334* = trecentotrentaquattro
7. *8°* = ottavo
8. *1.555* = millecinquecentocinquantacinque
9. *871* = ottocentosettantuno
10. *10°* = decimo

11
1. Questa sera andiamo **a** trovare Rita.
2. Appena finisco questo lavoro, vado **in** vacanza.
3. Devo andare **dal** meccanico.
4. Luigi va ogni giorno **in** biblioteca.
5. Andiamo **a** vedere la partita **da** Carlo.
6. Andate **a** Firenze o restate ancora un po' **a** Roma?
7. Questo fine settimana non vado **in** montagna, ma **al** mare.
8. Quest'anno non vado **in** Sardegna, ma **in** Sicilia.
9. Io e la mia famiglia andiamo **per** 15 giorni **a** Las Vegas.
10. Sono indeciso se andare **in** Svizzera o **in** Belgio.

12
1. Vengo spesso **in** Italia **in** vacanza.
2. Aldo viene ogni fine settimana **a** Napoli.
3. Stasera veniamo tutti **a** casa tua.

21

Unità 2

4. Ezio e Angela arrivano oggi **da** Venezia **in** aereo.
5. Penso **di** venire **in** autobus.
6. Per il convegno viene un esperto **da** Londra.
7. Non possiamo venire **da** Genny perché è troppo tardi.
8. Non vengo solo, vengo **con** Giorgio e Valerio.
9. Vengo **in** treno perché costa meno.
10. Veniamo **da** Siena a Rimini **per le** discoteche.

13
1. Sono **a** Torino e parto **per** Genova **tra** due giorni.
2. Per andare **in** Italia passiamo **dalla** Svizzera.
3. Il treno **per** Firenze parte **tra** cinque minuti.
4. Partite **in** treno o **in** macchina?
5. Non posso partire **per** Mosca perché non ho il passaporto.
6. Se vogliamo arrivare prima, dobbiamo partire **in** aereo.
7. Appena finisco questo lavoro, partiamo **per l'**Olanda.
8. Vengo **al** cinema con voi.

14
1. Noi andiamo **a** comprare un profumo.
2. Partono questa sera **per** Milano e arrivano domani.
3. Vado un attimo **in** bagno.
4. Andiamo **a** studiare **da** Gino.
5. Vado **in** ufficio e torno subito.
6. Preferisco andare **in** macchina.
7. Veniamo **al** super market anche noi.
8. Oggi sono senza macchina e vado **al** lavoro **a** piedi.

15
1. Dove andate **in vacanza** quest'anno?
2. Alla fine pensi di viaggiare **in treno**?
3. Nessun problema: faccio tutto **da solo**.
4. È vero che partite **per le** Maldive?
5. Prendi l'autobus o vieni **a piedi**?
6. È da molto tempo che non andiamo **al cinema**.

16 *Oggi, **lunedì**, primo giorno della settimana, tutto sembra brutto; invece ieri, **domenica**, allo stadio con Sergio e il giorno prima, **sabato**, con Rosa in discoteca, tutta un'altra musica. Vediamo adesso come passare bene questa settimana. Oggi niente, studio e riposo. Domani, **martedì**, la stessa cosa, perché il giorno dopo, **mercoledì**, è il compleanno di Anna. Restano due giorni: cosa possiamo fare? **Giovedì** porto Rosa a pranzo e il giorno dopo, **venerdì**, vado in giro per i negozi.*

17
11.35 : Sono le undici e trentacinque / Sono le dodici meno venticinque.
16.20 : Sono le sedici e venti / Sono le quattro e venti.
01.00 : È l'una.
20.15 : Sono le venti e quindici / Sono le otto e un quarto.
24.00 : È mezzanotte / Sono le ventiquattro.
12.30 : Sono le dodici e trenta / È mezzogiorno e mezza.

02.45 : Sono le due e quarantacinque / Sono le tre meno un quarto.
13.50 : Sono le tredici e cinquanta / Sono le due meno dieci.

TEST FINALE

A
1. **b**. Oggi non vado a scuola perché fa freddo.
2. **b**. Non posso venire al cinema; ho da fare.
3. **a**. Puoi venire a casa quando vuoi.
4. **c**. Secondo me, loro non sanno nulla.
5. **b**. Di solito non bevo il caffè al bar.
6. **a**. Voglio passare qualche giorno in un'isola deserta.
7. **b**. Oggi rimango a casa e guardo la tv.
8. **a**. Domani sera diamo una festa.
9. **a**. Se non prendo la macchina, faccio tardi!
10. **a**. Io dico sempre quello che penso.
11. **b**. Noi stiamo bene in questa casa.
12. **b**. Sono le tre e venti.

B Cruciverba

1. Intervista
2. Teatro
3. Traffico
4. Discutere
5. Invito
6. Piani
7. Biglietto
8. Accettare
9. Calcio
10. Rumore
11. Genitori
12. Mese

1° test di ricapitolazione (Unità 0, 1 e 2)

A
1. **la** finestra
2. **la** città
3. **gli** studenti
4. **i** libri
5. **i** palazzi
6. **l'** albergo
7. **il** bicchiere
8. **l'** orologio
9. **il** giornale
10. **l'** amico
11. **la** lezione
12. **la** camicia

B
1. la casa grande / le cas**e** grand**i**
2. il problema grave / i problem**i** grav**i**
3. il mare azzurro / i mar**i** azzurr**i**
4. l'unità facile / le unità facil**i**
5. la macchina nuova / le macchin**e** nuov**e**
6. il libro francese / i libr**i** frances**i**
7. la gonna verde / le gonn**e** verd**i**
8. il film interessante / i fil**m** interessant**i**

C
1. Noi **parliamo** in italiano, ma **facciamo** ancora tanti errori.
2. Giorgio **finisce** di lavorare alle sei di sera.
3. Stefania e Luca **vanno** spesso in discoteca.
4. Gianni **ha** una grande passione per il basket.
5. I miei amici italiani tutte le mattine **comprano** il giornale e **leggono** le notizie sportive.
6. Pietro e Alessandro **abitano** a Roma; Francesca **abita** a Firenze.
7. Quando io **finisco** di mangiare, **faccio** sempre una passeggiata.
8. Carmen **arriva** sempre in ritardo; noi, invece, **arriviamo** in orario.
9. I negozi non-stop **aprono** alle nove e **chiudono** alle cinque.
10. Tu **mangi** troppa carne.

D
1. **un** mobile
2. **un** orologio
3. **una** famiglia
4. **un** ristorante
5. **un** tassista
6. **un** gelato
7. **uno** studente
8. **una** gonna
9. **una** madre
10. **dei** ragazzi
11. **una** studentessa
12. **degli** appartamenti

E
1. Martina è **italiana**.
2. Ingrid è **tedesca**.
3. Demetrio è **greco**.
4. Felipe è **portoghese**.
5. Cristian è **francese**.
6. John è **americano**.
7. Juan è **spagnolo**.
8. Andrew è **inglese**.

F
1. Alle nove Carlo: **a**. è all'università
2. A mezzogiorno Carlo: **c**. segue una lezione di chimica
3. All'una e mezzo Carlo: **a**. mangia con i suoi amici
4. Alle sei Carlo: **a**. è libero
5. Alle sette Carlo: **a**. torna a casa
6. Alle otto Carlo: **b**. guarda la televisione

G
1. Noi non **sappiamo** se Luisa **arriva** domani.
2. Io non **posso** restare ancora, **devo** tornare a casa.
3. Io **vado** al cinema; tu **vuoi** venire?
4. Io non **so** usare bene il PC.
5. Noi **dobbiamo** partire domani molto presto.
6. Alla fine della festa **rimangono** solo gli amici più intimi.
7. Lui non **beve** vino, ma birra.

8. Dino **dice** sempre le stesse cose!
9. Io **spedisco** una cartolina ad un vecchio amico.
10. Signora, **vuole** venire a Capri questo fine settimana?

Unità 3

Progetto Italiano 1 - Guida e chiavi

Questa unità è dedicata interamente alle preposizioni articolate conoscendo la difficoltà dei nostri studenti di apprendere tale fenomeno grammaticale. In più, vengono presentate alcune funzioni comunicative, aree lessicali e verbi irregolari al presente (veda indice generale). Abbiamo scelto di non presentare ancora il passato prossimo poiché confonderebbe, secondo noi, gli studenti, costretti in tal caso ad affrontare troppe irregolarità contemporaneamente.

LIBRO DEI TESTI

1 Lavori come suggerito nel n.1 della prima unità. Le risposte giuste sono: *1f, 2f, 3v, 4v*. Se vuole, può fare una breve discussione (anche in lingua madre) sull'uso del telefono, le lettere e la posta in genere ecc. allo scopo di 'riscaldare' gli studenti.

2 È accettabile più di una risposta, facendo così parlare un numero maggiore di studenti. In seguito, se vuole, può dedicare un po' di tempo su somiglianze e differenze tra le poste italiane e quelle del vostro paese, su differenze tra scrivere una lettera e chiamare qualcuno ecc..

4 Faccia leggere individualmente oppure ad alta voce la scheda grammaticale agli studenti e poi vada avanti con l'esercizio 4. Può spiegare parole ed espressioni nuove prima o dopo l'esercizio. In più, può spiegare loro le varie funzioni e i diversi significati che la stessa preposizione può avere a seconda del contesto. (risposte: *dall'Olanda, nel cassetto, al centro della città, dei ragazzi, sul tavolino, dei ragazzi, alla settimana, nella borsa*)

5 Qua semplicemente si presenta il plurale dell'articolo determinativo, appositamente 'ignorato' finora.

Preposizione semplice o articolata? Si è data particolare importanza, con quattro esercizi scritti a questo che forse rappresenta uno dei punti più difficili della grammatica italiana. È consigliabile dedicare alcuni minuti per una spiegazione approfondita sull'uso delle preposizioni citando magari una maggiore quantità di esempi. Un'idea? Dettare alcune frasi in lingua madre da tradurre in italiano.

7 Lavorate come suggerito nelle unità precedenti. A questo punto gli studenti sono sicuramente in grado di fare mini dialoghi senza il Suo intervento e, quindi, sentirsi più autonomi. Ovviamente ci dovrebbe essere un'alternanza tra dialoghi 'in privato' e 'in pubblico' (davanti cioè al resto della classe) per mantenere vivo l'interesse. A questo punto Lei dovrebbe fare in modo da stimolare il dialogo in italiano tra gli studenti aiutandoli magari a trovare delle espressioni qualora Glielo chiedessero.

8 Ogni studente può descrivere l'itinerario del treno scelto. Magari, se possiede una cartina geografica, può far segnare e indicare il proprio itinerario. Anche qua può aiutare i discenti dando loro delle parole-chiave inerenti all'argomento.

9 Questa attività introduce una nuova area lessicale e attraverso la cartina geografica dell'Italia diventa quasi una lezione di geografia. Il tutto sarebbe forse più divertente usandone una più grande in classe. Gli studenti

Progetto Italiano 1 - Guida e chiavi .... **Unità 3**

possono anche leggere da soli il primo testo e completare il secondo indovinando praticamente il significato delle parole in blu. 'Giocando s'impara'.

10-11 Le foto sono collegate alla frase che si trova alla loro sinistra, quindi dovrebbe essere facile indovinare il significato degli elementi nuovi. L'esercizio 12 può essere svolto individualmente, come prova di comprensione, oppure come attività di gruppo. (risposte: <u>2. davanti al, 3. dietro il, 4. tra le, 5. sul, 6. intorno al, 7. davanti/intorno al, 8. sulla, 9. sotto il, 10. a destra del</u>)

12 Si presentano le forme *c'è* e *ci sono* nei vari loro significati più altre nuove che vanno spiegate. Elementi come *lo so*, *mi dà*, andrebbero spiegate, ma non analizzate.

13-14 Presentiamo alcune espressioni per esprimere incertezza e dubbio attraverso un breve e semplice dialogo. Gli studenti leggono il testo, con o senza spiegazioni, e 'recitano' il role-play che segue.

15-16 Si fa lo stesso attraverso 3 mini dialoghi, simili a quelli che gli studenti sono chiamati a completare al punto 16.

17 Si presentano alcuni verbi irregolari del presente che fanno da modello per una serie di altri citati sotto.

18 Ascolto (Veda più avanti, nel Libro degli esercizi)

20 Sottolinei la differenza tra *mille* e *mila* e dia importanza all'ortografia e alla pronuncia dei numeri.

21 Oltre ai totali, gli studenti possono leggere tutte le somme degli scontrini. In più, possono rispondere a Sue domande del tipo "quanti sono gli abitanti della nostra città, del nostro paese" ecc..
Qui Lei può fare una lezione interculturale chiedendo informazioni sul Paese dei Suoi studenti e fare poi delle comparazioni. Sarebbe interessante portare anche del materiale autentico per tenere viva la lezione.

22 Qua praticano i numeri e, nello stesso tempo, imparano cose utili sulla realtà italiana. Se vuole, può andare avanti chiedendo "quante lire/franchi/marchi/dollari ecc. sono 100.000 euro?"

Test finale: veda i suggerimenti dell'unità introduttiva.

Conosciamo l'Italia
All'inizio vengono presentate le espressioni che servono per iniziare e concludere una lettera informale. Andrebbe spiegata, quindi, la differenza tra i due registri e tra le varie espressioni. Se lo ritiene necessario, può presentare anche espressioni più formali, anche se sarebbe preferibile farlo in futuro. In seguito, oltre al modo in cui i dati del destinatario e del mittente si scrivono sulla busta, gli studenti possono vedere alcune espressioni che troveranno utili ogni volta che scriveranno un testo qualsiasi. Non è sconsigliabile, dunque, incoraggiarli a consultare questa pagina quando ne hanno bisogno. In più, se c'è tempo, può chiedere agli stu-

Unità 3

Progetto Italiano 1 - Guida e chiavi

denti di formare (per iscritto o oralmente) frasi con le espressioni date.
La seconda parte di "*Conosciamo l'Italia*" è dedicata alla comunicazione telefonica. Gli studenti possono leggere il testo individualmente e poi rispondere alle domande del libro o/e altre Sue. La civiltà, quindi, fa anche da prova per la comprensione scritta.

LIBRO DEGLI ESERCIZI

1
1. Torno **dalla** città eterna.
2. Vado **dal** dentista.
3. Sono **nella** macchina di Paolo.
4. La casa **dei** genitori di Stella.
5. Abito **nell'**Italia centrale.
6. Vado **negli** Stati Uniti.
7. Vivo **con i** miei genitori.
8. Il libro **degli** esercizi.
9. Parto **per le** Canarie.
10. Prendo un gelato anche **per il** bambino.

2
1. Mio fratello è il presidente **della** fabbrica dove lavoro.
2. Passiamo la serata **dai** signori Baraldi.
3. Teresa va **al** cinema.
4. Luigi ha 34 anni e vive ancora **con i** suoi genitori.
5. Sì, è tutto pronto **per la** partenza.
6. No, **tra gli** amici di Cristina c'è anche un giapponese.
7. Ammiro Giovanna **per la** sua intelligenza.
8. Vado **al** supermercato.

3
1. Quanti mesi pensate di restare **nella** nostra città?
2. Prendo spesso un'aspirina **per il** mal di testa.
3. Vado **a** comprare i francobolli e torno.
4. Se cerchi le chiavi di casa, sono **nella** mia borsetta.
5. Vado **a** fare un giro **con la** macchina di mio padre.
6. La posta non è molto lontano **dalla** fermata **dell'**autobus.
7. Giorgia arriva **con l'**aereo **delle** otto.
8. Il professore è un gentile signore **sui** 45 anni.
9. Siamo tutti **al** bar **per** guardare la partita.
10. Sono sempre più grandi le differenze **tra i** Paesi poveri e ricchi.

4
1. Finiamo **di** studiare e andiamo **a** mangiare una pizza.
2. Fumare, molto o poco, fa sempre male **alla** salute.
3. Luigi ha **sulla** spalla un piccolo tatuaggio.
4. Non sempre i giovani preferiscono il divertimento **allo** studio.
5. Vedo che **dal** nostro ultimo incontro vai molto bene **con** l'italiano!
6. Andiamo **all'**aeroporto: arriva Gianni **dagli** Stati Uniti.
7. Devo finire questo lavoro **per la** prossima settimana.
8. La mia casa è **a** due passi **dall'**Università.

Unità 3

5
1. Veniamo tutti per il tuo compleanno.
2. Tra i due vestiti non so quale mettere.
3. Gino è un bel ragazzo coi capelli neri.
4. Appena esco dall'ufficio vengo a casa.
5. Andiamo a teatro a piedi o in macchina?
6. In primavera i giardini sono uno spettacolo della natura.

6
1. Abbiamo **degli amici australiani**.
2. Compriamo **dei regali** ai ragazzi.
3. Portano **dei vestiti** fuori moda.
4. Escono spesso con **delle ragazze italiane**.
5. Vengono a cena **degli ospiti importanti**.
6. Gianni e Paolo sono **dei bravi ragazzi**.

7
1. Una tazza **di** caffè.   La tazzina **del** caffè.
2. Aspetto Maria **a** casa.   Aspetto Maria **al** bar.
3. Vado **in** Russia.   Vado **nella** Russia centrale.
4. Un mese **di** vacanze.   Agosto è il mese **delle** vacanze.
5. Discutiamo **di** politica.   Discutiamo **della** politica italiana.
6. La penna **di** Claudio.   La penna **della** figlia di Claudio.
7. Uno **di** voi deve uscire.   Una **delle** ragazze deve uscire.
8. Questa sera andiamo **a** teatro.   Questa sera andiamo **all'**Ariston.
9. Ho bisogno **di** un orologio nuovo.   Ho bisogno **del** tuo orologio.
10. Parlo **a** voce alta.   Parlo **al** telefono.

8
1. Do una mano **a** Giulio.   Diamo una mano **ai** nostri vicini.
2. Venite **da** Donatella?   Venite anche voi **dai** signori Baldi?
3. Più tardi passate **da** Luigi.   Più tardi passate **dalla** casa di Luigi.
4. Biagio torna domani **da** Bari.   Biagio torna domani **dal** paese.
5. Chi **di** voi ha una penna rossa?   Chi **dei** ragazzi ha una penna rossa?
6. Quel ragazzo è il figlio **di** Luigi.   Quel ragazzo è il figlio **della** signora Elsa.
7. Siamo qui **da** pochi giorni.   Siamo qui **dall'**anno scorso.
8. **Con** questi occhiali non vedo bene.   **Con gli** occhiali da sole vedo bene.
9. I libri sono **su** quel tavolo.   I libri sono **sul** tavolo.
10. È l'unico **tra** tutti che ha capito.   È l'unico **tra gli** studenti che ha capito.

9
a. Lavoro **in** banca.
b. Lavoro **alla** Banca Nazionale.
a. Vado **in** ufficio.
b. Vado **nell'**ufficio accanto.
a. Passo le vacanze **in** Francia.
b. Passo le vacanze **nella** Francia del Nord.

Unità 3

Progetto Italiano 1 - Guida e chiavi

a. Vado a Torino **in** macchina.
b. Vado a Torino **con la** macchina di Enrico.
a. Arriva oggi **in** aereo.
b. Arriva oggi **con l'**aereo della sua ditta.

10 1. A: Dove vai?
B: Vado **dal** tabaccaio.
A: **A** prendere le sigarette?
B: Ma quali sigarette, sai che non fumo; vado a comprare **delle** carte **da** gioco.
A: Giocate **a** casa tua stasera?
B: No, andiamo a giocare **alla** casa **di** campagna **di** Osvaldo.

2. A: Parti **per la** Francia, vero?
B: Sì, ma non adesso. Parto **fra** un mese, **in** aprile.
A: E cosa vai **a** fare?
B: Ho **degli** amici e vado **a** perfezionare la lingua.
A: Questi amici abitano **a** Parigi?
B: Non abitano **a** Parigi, ma **in** un paese **del** Sud.

11 1. Certo, ma solo **dalle** 8 **alle** 10,30.
2. Pensiamo di tornare **alle** 14,30.
3. Sì, sono **le** 9.
4. Tutti i mercoledì, **dalle** 10 **alle** 12.
5. Sì, infatti, negli ultimi tempi riesco a dormire solo **dalle** 12 **alle** 6 del mattino.
6. Parte **alle** 18.
7. Penso di andare via verso **le** 9,30.
8. No, restiamo fino **alle** 11.
9. **È** mezzogiorno.
10. Rimango fino **all'**1.

12 1. Il treno parte **alle quindici e trentacinque**.
2. Carlo incontra Anna **alle sette**.
3. Aspetto Maria **dalle quattro**.
4. Mariella finisce di lavorare **alle due meno un quarto**.
5. Devo vedere il direttore **alle undici e mezza**.
6. Il treno parte **alle quattro e mezzo**.
7. Ho una lezione all'Università **alle nove**.
8. Devo essere a pranzo **all'una**.

13 1. Io abito al quarto piano; Luigi al quinto: Luigi abita al piano di **sopra**.
2. Teresa prima di uscire passa molto tempo **davanti** allo specchio.
3. Molte persone non rispondono direttamente, ma girano **intorno** alla domanda.
4. Non conosco la famiglia che abita nell'appartamento **accanto** al mio.

5. Nei paesi del Nord la temperatura scende spesso **sotto** lo zero.
6. Il gatto dorme sempre **dietro** la porta del bagno.
7. I documenti sono tutti **dentro** una busta rossa.
8. In Inghilterra le macchine non hanno il timone a **sinistra**, ma a **destra**.

14
1. Lascio la macchina nel parcheggio dietro il cinema.
2. Per arrivare alla birreria dovete girare a destra.
3. La villa di Annalisa è accanto a quella di Marcello.
4. Il mio fidanzato mangia ogni giorno in un ristorante sotto casa sua.
5. Io e Marisa abbiamo un appuntamento dentro la *Standa*.
6. Giovanni non fuma mai davanti ai suoi genitori.
7. Perché non piantiamo degli alberi intorno alla casa?
8. I due negozi sono l'uno accanto all'altro.

15
1. **b**. Il bar Bristol è sotto casa mia.
2. **a**. La patente è dentro il mio portafoglio.
3. **a**. Capri è davanti al Golfo di Sorrento.
4. **b**. La mia casa si trova dietro lo stadio San Paolo.
5. **a**. Non conosco i vicini dell'appartamento accanto.
6. **a**. Faccio spesso tanti giri intorno al mio palazzo per trovare un parcheggio.

16
1. Cosa **c'è** di tanto interessante in quello che fai?
   Niente, ma a me piace.
2. Si mangia bene in quel ristorante?
   Sì, quando **c'è** poca gente.
3. Vieni anche tu al concerto di Bocelli?
   Sì, se **ci sono** ancora biglietti.
4. Fai la doccia?
   No, perché non **c'è** acqua calda.
5. Quanti stranieri **ci sono** nella tua classe?
   Otto o nove se non sbaglio.
6. Sai che domani **c'è** sciopero generale?
   Bene, così andiamo al mare!
7. Vai al salone dell'auto?
   Certo: quest'anno **ci sono** veramente tante novità.
8. Questa città non sembra molto interessante!
   Sbagli, **ci sono** tante cose da vedere.
9. Vieni a cena da noi?
   Sì, se **c'è** qualcosa di buono da mangiare.
10. Ma tu non esci mai?
    Certo che esco! Ma solo quando **c'è** il sole.

17 1. **Sono indeciso** se restare ancora un'oretta o andare via.

Unità 3

2. **Forse**, ma posso dare un'occhiata al giornale.
3. **Non sono sicuro** al cento per cento; speriamo bene!
4. **Può darsi**, perché all'ingresso c'è un mio conoscente.
5. **Penso** di finire verso le nove.
6. **Chissà**! Perché non chiedi a suo fratello?

18 Scelta libera tra le espressioni date.

19
1. Io **ritengo** sbagliata la vostra idea.
2. I ragazzi sono nel giardino e **raccolgono** le foglie.
3. Noi **conduciamo** una vita abbastanza normale.
4. Adesso entro ed **espongo** al direttore le mie ragioni!
5. Il rumore della strada **distrae** i ragazzi quando studiano.
6. Gianni e sua moglie dicono di pagare, ma non **tolgono** mai il portafoglio dalla tasca.
7. I signori Bartoli **mantengono** due figli all'Università.
8. Ragazzi, facciamo qualcosa; **rimangono** pochi giorni per gli esami.
9. Io **propongo** di partire al più presto.
10. Nella nostra fabbrica **produciamo** articoli da regalo.

20 Ascolto

A pagina 39 del Libro degli esercizi gli studenti sono chiamati a completare una scheda con alcuni dei monumenti più noti d'Italia. Faccia ascoltare almeno due volte il testo che presenta utili elementi di civiltà. Una guida illustrata contenente i monumenti citati sarebbe il supplemento ideale per questa attività. Ecco la scheda completa:

monumento	città
1. Fontana di Trevi	Roma
2. La Torre Pendente	Pisa
3. La Galleria degli Uffizi	Firenze
4. La Trinità dei Monti	Roma
5. Ponte Vecchio	Firenze
6. San Marco	Venezia
7. Il Maschio Angioino	Napoli
8. Il Castello Sforzesco	Milano
9. Il Foro Romano	Roma
10. Il Campanile di Giotto	Firenze

Ecco il dialogo:
- Sei già in Italia da un mese. Vediamo che cosa hai imparato.
- Non ti capisco; che cosa hai in mente?
- Facciamo un piccolo quiz. Voglio vedere se sai dove si trovano i monumenti più importanti.
- Bene; mi piacciono i quiz. Cominciamo!

- Allora..., la Fontana di Trevi.
- A Roma.
- Ok. La Torre Pendente?
- Facile: a Pisa.
- Mmm... Poi... la Galleria degli Uffizi?
- A Firenze. Qualcosa di più difficile?
- Va bene: vediamo... Dove si trova Trinità dei Monti?
- Mmm... questo è difficile. Dove?
- A Roma, sopra Piazza di Spagna. Poi... Ponte Vecchio.
- A Roma; no, no! A Firenze.
- Brava!... Dov'è San Marco?
- A Venezia, se non sbaglio.
- Esatto! ...Adesso dimmi: il Maschio Angioino?
- Boh! Non so.
- A Napoli. E il Castello Sforzesco?
- Non lo so; dove?
- A Milano. Il Foro Romano?
- Questo solo a Roma può essere.
- Perfetto; e un'ultima domanda: il Campanile di Giotto?
- A Firenze, al Duomo.
- Brava! Non c'è male.

21 1. in autunno, 2. in estate, 3. in inverno, 4. in primavera.

22 1. dicembre, 2. marzo, 3. maggio, 4. febbraio, 5. ottobre, 6. settembre, 7. aprile, 8. agosto, 9. giugno, 10. gennaio, 11. luglio, 12. novembre.

23 1. (1.936) millenovecentotrentasei
2. (1.800) milleottocento
3. (4.282) quattromiladuecentottantadue
4. (75.000) settantacinquemila
5. (3.000.000) tre milioni
6. (260.000) duecentosessantamila
7. (15.000) quindicimila
8. (2.200) duemiladuecento

TEST FINALE

A 1. Anna rimane **da** noi **per** quattro settimane.
2. Dobbiamo fare presto **per** essere **a** casa prima **di** cena.
3. Se non sbaglio, il film inizia **alle** nove e mezza.
4. **Dalla** terrazza **di** Francesco si vede tutta la città.

Unità 3

5. Non andiamo **da** Giuliana perché non siamo invitati.
6. I signori Ferilli hanno una bella villa **in** montagna, ma passano le vacanze **al** mare.
7. La sorella di Gianfranco va **a** studiare **in** Italia, **a** Genova.
8. Quando posso, vado **all'**Università **con la** macchina **di** un mio amico.
9. **Ai** ragazzi **di** oggi non piace tanto la musica classica.
10. Il ritorno **dalle** vacanze è sempre un po' triste.

B
1. Molta gente preferisce il cinema **alla** televisione.
2. Penso **di** finire **di** studiare **alle** otto.
3. Domani **alle** nove ho un appuntamento **con** Mariella.
4. Io vado molto d'accordo **con** i miei amici.
5. Il problema più importante **dei** giovani è trovare un lavoro!
6. La sera **di** solito resto **a** casa.
7. Maurizio passa tante ore davanti **alla** televisione.
8. Quando vado **a** Parigi salgo **sulla** Torre Eiffel.
9. Mirella esce **con** un ragazzo **di** Napoli.
10. Sono **di** Siviglia, ma vivo e lavoro **a** Genova.

C Cruciverba

1. Scrivania
2. Camino
3. Armadio
4. Sedia
5. Tavolo
6. Tappeto
7. Divano
8. Lampada
9. Quadro
10. Poltrona

Progetto Italiano 1 - Guida e chiavi

Unità 4

Abbiamo deciso di presentare il passato prossimo solo nella 4ª unità in quanto abbastanza più complesso del presente. In più, presentiamo elementi comunicativi legati al passato prossimo (il cui uso viene ripreso nella 7ª unità).

LIBRO DEI TESTI

1 Lavori come suggerito nel n.1 della prima unità. (veda anche la premessa del libro dei testi). Le risposte giuste sono: *1v, 2f, 3f, 4v*. Cominci l'attività chiedendo agli studenti come hanno passato il fine settimana (in lingua madre, poiché non possono ancora esprimere azioni passate). Domande di questo tipo sono generalmente consigliabili come riscaldamento all'inizio di una lezione. Se vuole, può scrivere le risposte degli studenti alla lavagna. In questo modo Lei dà loro la possibilità non solo di arricchire eventualmente il proprio bagaglio culturale, ma anche di capire meglio la sintassi della lingua italiana.

3-4 Se ritiene che gli studenti siano in grado di rispondere alle domande del punto 4, le può proporre prima del 3. L'ordine esatto delle parole è: *è uscita, sono andate, hanno fatto, sono rimaste, hanno guardato, è andata, hanno mangiato, hanno parlato, è tornata, sono andati, hanno ballato, hanno bevuto, ha avuto, sono entrati*.

Osservate: con l'aiuto della lingua madre, se necessario, e delle domande poste dal libro, porti i Suoi studenti alla scoperta delle regole secondo cui funziona il passato prossimo. Le consigliamo, comunque, di non dare alla classe l'impressione che questo sia un fenomeno grammaticale difficile; anzi, è preferibile agire come se questo fosse il tempo più semplice: questo potrebbe aiutare gli studenti a rilassarsi e a prepararsi per la riflessione grammaticale che segue. Forse va detto che il passato prossimo non va bene per qualsiasi azione passata.

5-6 Le due schede sono abbastanza semplici e indicative di come si forma il passato prossimo. I due esercizi orali che seguono danno agli studenti la possibilità di sperimentarsi provando le forme nuove. Si ricordi che quando gli studenti svolgono un'attività orale si ascoltano e di conseguenza la memorizzazione delle informazioni date è più facile. Non solo, in questa attività in particolare, possono perfezionare anche il loro accento.

7 Qua utilizziamo un'attività comunicativa per applicare il passato prossimo, per usare, cioè, la grammatica in modo creativo. A dovrebbe porre a B domande per verificare quanto scritto nel diario. Aspettiamo, quindi, risposte come "alle 10.10 sono andato all'Università". Alla fine B può riferire alla classe le risposte ricevute: "Alle 10.10 A è andato/a all'Università". Se vuole, faccia lavorare gli studenti in coppie contemporaneamente.

Essere o Avere? Una scheda alquanto completa che gli studenti possono consultare ogni volta che hanno qualche dubbio sull'uso degli ausiliari.

8-9 Faccia leggere il dialogo a due studenti e poi continui assegnando ad altri due il role - play n. 8. Se vuole,

Unità 4

Progetto Italiano 1 - Guida e chiavi

può chiedere a qualcuno di raccontare come ha trascorso la giornata, una vacanza, come ha vissuto un'esperienza, ecc..

10 La scheda che precede l'esercizio 10 presenta i verbi irregolari più importanti del passato prossimo attraverso esempi completi. Non è necessario spiegare ogni singola parola nuova; già i verbi nuovi che gli studenti devono imparare sono parecchi. La colonna a sinistra raggruppa, quanto possibile, queste irregolarità.

11 Leggendo il testo e rispondendo alle domande che seguono gli studenti sono quasi costretti ad utilizzare alcune espressioni per specificare una data. La scheda che segue è un quadro riassuntivo su cose che creano molto spesso dei problemi a chi studia la lingua italiana.

12 Un role-play che farà applicare gli studenti su quanto visto nella scheda precedente. Possono rispondere con "due anni fa" oppure "nel...". Lavori come suggerito nel punto 8 della seconda unità di questa guida. (p.18)

13 Qua si tratta di un automatismo sull'uso della preposizione *nel* davanti agli anni, che spesso crea delle difficoltà ai nostri studenti. Nello stesso tempo imparano le date di alcuni avvenimenti della storia italiana recente.

14 Questo dialogo ha lo scopo di introdurre vocabolario ed espressioni relativi ai bar italiani. Può darsi che leggendo gli studenti non capiranno subito, oltre alle parole nuove, le caratteristiche di un bar italiano. Se vuole, può fare un'introduzione prima di leggere il testo oppure lasciare che capiscano da soli attraverso le attività che seguono, cosa vuol dire 'bar'. Potrebbe poi far riassumere oralmente ciò che hanno letto. Ciò li aiuterebbe a comporre frasi in italiano e a prendere più confidenza con l'italiano parlato.

15 Si tratta di un'attività semplice in cui gli studenti devono calcolare quanto hanno pagato i protagonisti del dialogo precedente; nello stesso tempo conoscono gran parte dei prodotti che si possono trovare in un bar italiano. Se può, dedichi un po' di tempo per spiegare l'intero listino; intanto sono parole che serviranno anche all'ascolto del n. 18 (in particolare spieghi che la Coca Cola e l'aranciata, per esempio, sono delle bibite).

16 Un role-play che gli studenti potrebbero recitare con molta creatività a patto che siano concentrati sulla lingua. Così hanno la possibilità di utilizzare sia il nuovo lessico di sopra che le espressioni di sotto. Faccia ripetere il dialogo ad una seconda e, magari, ad una terza coppia: ogni dialogo non dovrebbe impiegare più di tre minuti. Più persone parlano, più volte ascolteranno le espressioni relative e più prodotti verranno citati. Forse questo sarebbe il momento ideale per occuparsi del testo di "Conosciamo l'Italia" di p. 63. Un'idea sarebbe di assegnarlo come lettura per la comprensione scritta da svolgere a casa.

17 Dopo un intervallo comunicativo si passa ad un particolare della grammatica di questa unità, su cui forse non bisogna insistere troppo.

18 Ascolto (Veda più avanti, nel Libro degli esercizi)

19 Domande libere orali che possono dare a tutti la possibilità di parlare più volte scambiandosi idee, preferenze ecc.. Qui spetta a Lei vivacizzare l'attività incoraggiando gli studenti a parlare e a non aver paura di sbagliare.

20 Si riprende l'argomento presentato nel dialogo introduttivo dell'unità chiedendo agli studenti di esprimersi per iscritto al passato prossimo.

Test finale: lavori come suggerito nell'unità introduttiva.

Conosciamo l'Italia

Sarebbe consigliabile non proporre queste tre pagine (63-65) alla fine dell'unità come testo unico. Le consigliamo di occuparsi di ognuno dei tre testi quando il tempo Glielo permette, magari negli ultimi quindici minuti di una lezione, oppure assegnandone uno a casa come lettura per la comprensione. C'è sempre l'alternativa di non dare il lessico nuovo di questi testi (quando il tempo a disposizione non lo permette ad. es.) e di farli leggere e commentare agli studenti senza un'analisi approfondita. Lei potrebbe, infine, fare delle comparazioni con la 'cultura del caffè' italiana e, se c'è, con quella del loro Paese: similitudini e differenze.

LIBRO DEGLI ESERCIZI

1
1. **Abbiamo parlato** con Giulia.
2. **Hanno scritto** delle lettere.
3. **Avete visto** il film alla televisione?
4. Giuseppe e Anna **hanno studiato** in America.
5. Ragazze, **avete mangiato** tutta la torta?
6. Carla e Rosa **hanno avuto** la febbre.
7. **Abbiamo comprato** i regali per Tonino.
8. **Hanno capito** subito la situazione?
9. **Avete aperto** le finestre?
10. **Abbiamo visitato** tutti i musei della città.

2
1. **Ho avuto** un cane molto bello.
2. **Abbiamo parlato** spesso al telefono.
3. **Ho incontrato** Mario allo stadio.
4. **Ha fumato** per molti anni.
5. **Abbiamo ascoltato** con attenzione.
6. Valerio **ha portato** un suo amico.
7. Non **avete venduto** la vostra macchina?
8. **Abbiamo cambiato** i mobili di casa.
9. **Ho ascoltato** l'ultimo disco di Ligabue.
10. Non **avete cercato** nel posto giusto!

3
1. **Sono partito** per la Spagna.
2. **Sono stato** in Italia per affari.
3. **Siamo passati** prima da Angela e poi da te.
4. I ragazzi **sono tornati** ieri.
5. **È stata** una gita molto interessante.
6. **Sono tornato** subito.
7. Le ragazze **sono entrate** in classe.
8. **Siamo saliti** in terrazza per vedere la cometa.
9. **Siamo usciti** per andare a fare la spesa.
10. **Siete andati** forse a vedere la partita?

4
1. **Sono tornate** dalle vacanze.

Unità 4

Progetto Italiano 1 - Guida e chiavi

2. Genny e Sonia **hanno avuto** mal di testa.
3. **Siamo stati** due settimane a Firenze.
4. **Abbiamo finito** prima e **siamo uscite** presto.
5. **Hanno telefonato** dei vecchi amici.
6. **Avete cercato**, ma non **avete trovato** niente.
7. **Siamo arrivate** in tempo per lo spettacolo.
8. Elio e Mara **sono partiti** per Cuba.
9. Martina e sua sorella **sono rimaste** a casa tutto il giorno.
10. Le ragazze **sono state** molto gentili con noi.

5
1. È arrivata la posta?
   No, non **è arrivata** ancora.
2. Avete cercato bene nel cassetto?
   Ma certo che **abbiamo cercato** bene.
3. **Hanno portato i mobili che avete ordinato**?
   Sì, hanno portato i mobili che abbiamo ordinato.
4. **Dove siete stati**?
   Siamo rimasti a casa e non siamo usciti affatto.
5. Hai consegnato in tempo tutto il materiale?
   Sì, **ho consegnato** in tempo tutto il materiale.
6. Dove **sei stata** tutto questo tempo?
   Sono stata in Germania.
7. Chi avete incontrato al convegno?
   Abbiamo incontrato molti nostri ex compagni.
8. Avete lavorato fino a tardi?
   Purtroppo sì, **abbiamo lavorato** fino alle dieci di sera.
9. **Hai ricevuto la mia lettera**?
   Mi dispiace, ma non ho ricevuto la tua lettera.
10. Quando siete tornate?
    Siamo tornate due giorni fa.

6
1. Michele ha suonato la chitarra. / Il campanello è suonato all'intervallo.
2. I signori Antonucci hanno cambiato casa. / Il clima è cambiato molto rapidamente.
3. Ho passato molto tempo con i miei amici. / Sono passato da Nicola dopo le sei.
4. Ho finito di lavorare alle quattro. / Il film è finito in modo tragico.
5. Ho iniziato una bella dieta! / Il film è iniziato con un po' di ritardo.
6. Ho salito le scale a piedi. / Sono salito da te per bere un caffè.

7
1. Solo **allora** ho deciso di raccontare tutto.
2. Ho controllato la macchina e **poi** sono partito tranquillo.
3. Ha finito **prima** del previsto, così è potuta venire al cinema!
4. Ho incontrato Giorgio **alla fine** della conferenza.
5. Sono arrivato a casa di Mario **dopo le** otto di sera.

Unità 4

6. Ho scoperto il furto **dopo** un mese.
7. Non è stato contento della telefonata, e **così** è venuto di persona.
8. È arrivato **prima di** noi ed ha dovuto aspettare.

8
1. Serena **ha rotto** un prezioso vaso cinese.
2. La festa **è stata** veramente magnifica.
3. Vedo che non **hai chiuso** bene le valigie!
4. Noi **abbiamo deciso** di non partecipare alla gita.
5. I vicini di casa **hanno diviso** in due il loro salone.
6. Non sappiamo se Giorgio **ha letto** il programma.
7. Quello che **avete fatto** è veramente eccezionale.
8. Come sapete del mio arrivo, se non **ho detto** niente a nessuno?
9. Non **ho scritto** proprio niente!
10. I ragazzi **hanno corretto** da soli le composizioni.

9
1. **Ho spento** la luce e **sono andato** a dormire.
2. Marco con il suo comportamento **ha deluso** anche noi.
3. **Abbiamo risposto** esattamente alle domande del professore.
4. La ditta **ha offerto** un viaggio a Singapore al suo direttore.
5. I ragazzi **sono giunti** a lezione in ritardo.
6. **Ho speso** quasi tutto quello che **ho guadagnato** in viaggi.
7. Non **sono venuto** per una questione di principio.
8. Non **avete scelto** con cura il vostro abbigliamento.
9. Il suo modo di fare non **è piaciuto** a diverse persone.
10. **Ho conosciuto** Pino tramite un comune amico.

10
1. **b**. Abbiamo chiesto scusa per il nostro comportamento.
2. **a**. Siamo rimasti solo per pochi minuti.
3. **c**. Il bambino ha pianto per tutta la notte.
4. **a**. Alberto ha vinto una grossa somma al totogol.
5. **c**. Avete tradotto quel documento?
6. **b**. Sulla nave abbiamo sofferto molto il mal di mare.
7. **a**. Per fortuna i ladri non hanno preso i miei gioielli.
8. **a**. La guida non ha permesso a nessuno di fare fotografie nel museo.
9. **b**. I ragazzi hanno promesso di non far tardi.
10. **c**. Non abbiamo visto la fine della sfilata.

11
1. Per me la matematica è **sempre** stata una cosa incomprensibile.
2. Il mese non è ancora finito e noi abbiamo **già** speso tutti i soldi!
3. Sono passate più di due ore e Vittoria non ha **ancora** telefonato.
4. All'ultimo momento è arrivata **anche** Rosa.
5. Non ho **mai** visto uno spettacolo così bello!
6. È andato via e da quel momento non ha **più** dato sue notizie.

Unità 4

7. Come vedi ho **appena** finito di parlare al direttore del tuo caso.
8. Siamo passati **anche** da casa tua!

12
1. Sì, **ci vado** con la mia ragazza.
2. Mi dispiace, ma non **ci ho trovato** proprio nulla.
3. No, **ci siamo rimasti** solo pochi giorni.
4. **Ci viviamo** perché la casa è nostra.
5. Certo che **ci ho guardato**.
6. **Ci ho messo** solo la tuta da ginnastica.
7. **Ci abitano** dei ragazzi spagnoli.
8. No, **ci passiamo** qualche ora alla settimana.
9. Sì, **ci sono stato** per motivi di lavoro.
10. Certo che **ci veniamo**.

13
1. Per comprare la casa al mare **ha dovuto fare** dei sacrifici.
2. Carlo ancora una volta **ha voluto fare** di testa sua!
3. Da Piazzale Michelangelo i turisti **hanno potuto ammirare** tutta Firenze.
4. Per far presto **sono dovuto passare** da una stradina di campagna.
5. **Abbiamo voluto vedere** tutta la trasmissione.
6. **Sono dovuto andare** anche contro voglia.
7. Mi dispiace, ma non **ho potuto fare** niente per il tuo amico!
8. Non **sono potuto tornare** per l'ora di cena.
9. **Sono dovuto scendere** in città a fare spese.
10. **Ho voluto sposare** Roberto anche contro il parere dei miei.

14
1. **Sono dovuto** andare alla posta per spedire un pacco.
2. **Ha voluto** comprare una gonna cortissima.
3. **Abbiamo dovuto** prendere una decisione molto importante.
4. I ragazzi sono potuti scendere con l'ascensore.
5. Hanno potuto prendere l'aereo delle nove.
6. **Sono dovuti** partire prima del previsto.
7. Come **avete potuto** credere a tutte queste cose!
8. **Siamo potuti** andare a teatro con la macchina di Piero.
9. Siamo dovuti tornare a casa a piedi.
10. **Abbiamo potuto** finire di fare gli esercizi con l'aiuto del vocabolario.

15
1. Ieri non **sono potuto** andare a scuola.
2. Per trovare la casa di Marco, **abbiamo dovuto** chiedere informazioni.
3. Non **sono voluti** rimanere nemmeno un minuto in più!
4. Io **sono potuto** uscire dopo aver finito di studiare.
5. Perché non **sei voluto** venire con me a teatro?
6. Stefano **è dovuto** partire da solo.
7. Io non **ho potuto** preparare la lezione in tempo!

Unità 4

8. **Siamo dovuti** ritornare prima del previsto.
9. Francesca e Gianni non **hanno potuto** vedere lo spettacolo.
10. Luca **ha voluto** incontrare quella persona!

16 Ascolto

A pagina 49 del Libro degli esercizi gli studenti sono chiamati a completare una scheda con l'ordinazione dei quattro ragazzi. Faccia ascoltare almeno due volte i due dialoghi e, se necessario, una terza per l'esercizio **b**. Ecco le risposte giuste:
a: *Alberto: cappuccino e brioche,* Valeria*: bibita (Coca Cola) e panino al prosciutto cotto e mozzarella,* Giulio*: birra media,* Alessia*: caffè (lungo, dolce)*
b: *1v, 2f, 3v, 4f*

Ecco i dialoghi:
1. A: Valeria, cosa prendi?
   V: Non so...; veramente ho un po' di fame; forse mangio qualcosa.
   A: Prendi un cornetto al cioccolato. Sono buonissimi.
   V: Mah, no; cerco di evitare il cioccolato in genere.
   A: Ah sì? Io non posso vivere senza cioccolato. Allora, un panino?
   V: Sì, meglio. ...Per me un panino. ...Tu, invece, che prendi?
   A: Io non ho tanta fame; prendo una brioche e un cappuccio.
   V: Cameriere... allora, una brioche al cioccolato, un cappuccino, un panino, prosciutto cotto e mozzarella e... una Coca cola.

2. A: Ciao, ...scusa il ritardo, ma c'è troppo traffico fuori.
   G: Va bene Alessia, non importa. Dai, siediti; vuoi il caffè?
   A: Non so...; bevi anche tu?
   G: Io ho già preso il caffè a casa; adesso voglio una birra.
   A: No, no, ...non mi va; allora per me un caffè.
   G: Come lo bevi?
   A: Lungo.
   G: Quanto zucchero?
   A: Due.
   G: Vuoi il latte?
   A: No, grazie.
   G: Torno subito. ...Signorina, prego, un caffè lungo e una birra media.

17

- Ciao, Emma, cosa **hai fatto** in questi giorni?
- Niente di speciale; io e mio marito, **siamo andati** una volta al cinema e poi come al solito **siamo rimasti** a casa.
- Allora non **avete passato** una bella settimana?
- No, ma finalmente **abbiamo potuto** cambiare i mobili di casa.
- In questi giorni, **hai visto** per caso Martina?

Unità 4

- Sì, è venuta a casa nostra due o tre volte; **è tornata** da poco dagli Stati Uniti, dove **ha conosciuto** un bel ragazzo che ora vive con lei.

18 1. Ieri, al bar sotto casa, ho incontrato Nicola e abbiamo preso un caffè insieme; poi siamo andati in giro per i negozi. Nicola ha comprato una cintura, mentre io non ho comprato niente.
2. Mio fratello è vissuto molto tempo fuori dall'Italia e, quindi, ha dimenticato come mangiano gli italiani.
3. Questa mattina noi non siamo potuti andare a lavorare, a causa dello sciopero degli autobus, ma non siamo restati a casa; abbiamo telefonato a Piero e siamo andati a lavorare con la sua macchina.

19 1. Andrea è andato **al** mare **in** compagnia **di** Celeste.
2. Tutto questo è successo **per** colpa tua! Non cercare **di** dare la colpa **a** nessuno!
3. Vivere **al** centro **della** città è **per** me una necessità.
4. Sono ormai tante le persone che vanno **all'**estero **per** imparare una lingua straniera.
5. Quando abbiamo visitato New York siamo saliti **sulla** statua **della** libertà e **dall'**alto abbiamo ammirato la città.
6. Il mio appartamento è **al** quinto piano **di** un vecchio palazzo vicino **a** Piazza del Popolo.
7. Lavoro **da** più **di** 10 anni **nello** stesso ufficio, e vedo **da** più **di** 10 anni le stesse facce!
8. Considero **con** attenzione il vostro problema.
9. Un buon caffè appena scendo **dal** letto, e sono pronto **ad** affrontare un'altra giornata.
10. Ho conosciuto un ragazzo **dagli** occhi azzurri e **dai** capelli neri.

20 1. Moravia è uno scrittore amato **in** Italia e **all'**estero.
2. **Col** passare **degli** anni Gregorio diventa sempre più nevrotico.
3. Mi piace tanto andare **al** cinema e vedere commedie **all'**italiana.
4. Roberto è responsabile **del** settore esportazioni **in** un'importante azienda.
5. Mangio spesso **in** questo ristorante.
6. Che schifo! Hai messo troppo zucchero **nel** caffè.
7. Meglio restare **a** casa o andare **a** vedere la partita **di** calcio **allo** stadio?
8. Il prossimo treno **per** Bologna parte **dal** binario 1 **tra** un'ora.
9. Le discussioni **tra** padre e figlio generalmente non finiscono bene.
10. **Da** quando è tornato **dalle** Canarie, Nicola sembra un'altra persona.

21 1. Sono stanco di aspettare.
2. Cominciamo a lavorare molto presto.
3. Andate in Germania?
4. Abitano in centro.
5. Restano per un mese da Caterina.
6. Cerco di finire prima.
7. Vado in montagna con Sara.
8. Vengo al mare con te.

TEST FINALE

A 1. **Siamo dovuti passare** da casa per prendere i soldi.
2. **Ho potuto accompagnare** Laura, ma non sua sorella.
3. Ragazzi, che cosa **è successo**?
4. **Ho voluto fare** quella esperienza a tutti i costi!
5. Per andare al mare **ho dovuto perdere** una decina di chili in un mese.
6. **Hai conosciuto** le figlie del nostro vicino di casa?
7. **Siamo voluti andare** al concerto anche senza biglietti.
8. **Ho potuto capire** perché **ho studiato** questa lingua.

B 1. Scusami, **ho capito** male!
2. Anna **ha finito** gli esercizi prima del previsto.
3. Voi **siete scesi** per le scale?
4. L'anno scorso noi **abbiamo passato** le vacanze in Sicilia.
5. Con tutta quella gente voi **siete potuti** entrare?
6. Ultimamente Vittorio **è cambiato** molto.
7. Noi **siamo passati** da casa ieri mattina.
8. Ragazzi, il caffè **è finito**.

C 1. **Sono andato** a prendere Marco alla stazione.
2. Ragazzi, **avete finito** di scrivere la relazione?
3. Quando **sei passato** da casa mia?
4. Giorgio, cosa **hai ordinato** da bere?
5. **Abbiamo speso** molto ultimamente.
6. **Ho visto** un programma interessante.
7. Anna non **ha cambiato** idea su Paolo.
8. Che programma **hai fatto** per il fine settimana?

D Cruciverba

1. Prosciutto
2. Minerale
3. Listino
4. Pomodoro
5. Birra
6. Bibita
7. Crudo
8. Sci

Unità 5

Progetto Italiano 1 - Guida e chiavi

Oltre al futuro semplice e composto in questa 5ª unità presentiamo molti elementi relativi a feste, viaggi, tempo ecc. (veda indice generale).

LIBRO DEI TESTI

1 Lavori come suggerito nel n.1 della prima unità (veda anche la premessa del libro dei testi). Le risposte giuste sono: *1f, 2v, 3f, 4v*. Come introduzione può fare una breve discussione, preferibilmente in italiano, su come e dove gli studenti hanno trascorso le feste precedenti e cosa pensano di fare in quelle prossime (utilizzando il presente per azioni future).

2 Ricordiamo che quest'attività serve per migliorare l'accento e l'intonazione degli studenti d'italiano. È insomma una piccola attività per la fonetica.

3 Se le domande risultano difficili, può intervenire ponendone altre più semplici, come quelle del n. 5.

4 Se crede che gli studenti trovino l'esercizio difficile, invece di farglielo fare individualmente, può provare a farlo svolgere in gruppo. Intanto, scopo di questo esercizio è portare gli studenti a dedurre da soli i nuovi elementi grammaticali. L'ordine esatto dei verbi è: *farete, faremo, partiremo, saremo, resterete, resteremo, passeremo, tornerete, torneremo, farete, andrà, tornerà, farai, studierò, andrò, verranno.*

5 Si tratta di un semplice automatismo che fa usare il futuro agli studenti prima ancora di impararlo.

6-7 Se vuole, tra un'attività e l'altra, potrà occuparsi della civiltà, e in particolare, del testo sulle feste in Italia di p. 76 del Libro dei testi. In tal modo civiltà e lingua si integrano e gli studenti non si annoiano!

8 Cinque gruppi di esempi presentano le funzioni più comuni del futuro. Dia particolare attenzione alla 3ª (fare stime) e alla 5ª (periodo ipotetico) che, probabilmente, sono quelle meno semplici. Potrebbe far creare degli esempi proprio agli studenti. In questo modo, i discenti memorizzano meglio le regole e Lei si accerterà che hanno ben capito.

9 Una serie di verbi irregolari raggruppati secondo la loro particolarità. Non dovrebbe avere la pretesa che i Suoi alunni memorizzino subito tutte queste eccezioni. Questo è lo scopo degli esercizi scritti.

10-12 Cinque mini dialoghi presentano in breve le situazioni più comuni in cui si può trovare uno che viaggia in treno. Le consigliamo di proporre le quattro domande prima di presentare il lessico nuovo. In seguito, potete andare avanti al n. 11 e al role-play che segue, facendo parlare più studenti. Nelle foto di p. 71 si possono vedere il binario di una stazione italiana (in alto), il controllore che sta timbrando un biglietto (in mezzo) e l'interno di un treno Intercity (in basso). Qui può fare anche della produzione orale chiedendo agli studenti una comparazione alla fine col loro Paese (descrizione di una stazione, per esempio).

Progetto Italiano 1 - Guida e chiavi .... **Unità 5**

13 Dopo un intervallo comunicativo riprendiamo la grammatica. Se gli studenti sono riusciti a capire questo dialogo hanno già cominciato a capire il futuro composto, presentato dettagliatamente nelle due schede che seguono. Le suggeriamo di evitare di tradurre il dialogo prima della verifica dell'esercizio vero/falso. Le risposte esatte sono: *1f, 2v, 3v, 4f.*

15 Lasci agli studenti cinque minuti per leggere il dialogo e il bollettino per rispondere poi alle domande che seguono. Molto probabilmente indovineranno il significato della maggior parte del lessico nuovo. Trattandosi di un vocabolario specifico, potrebbe comunque essere necessario spiegare delle parole nuove inerenti appunto a esso.

16 Guardando le due cartine e i simboli, e avendo visto in anticipo la scheda che riassume le espressioni relative, gli studenti devono costruire mini dialoghi secondo le istruzioni. Ovviamente è consigliabile proporre anche altre zone da visitare e fare parlare più coppie. Aspettiamo dialoghi come ad. es.: "- Andiamo a San Marino sabato? - Ma secondo le previsioni sabato pioverà in quella zona. Meglio andare domenica che sarà sereno" ecc.. Veda anche il punto 8 della seconda unità di questa guida.

17 Un breve compito scritto, da assegnare preferibilmente a casa, che può servire come attività di recupero o di rinforzo delle informazioni date.

18 Ascolto (Veda più avanti, nel Libro degli esercizi)

19 Le proponiamo di lasciare rispondere agli studenti senza spiegare nemmeno una parola. **19b** sarà forse un po' più difficile, quindi dovrà forse dare il significato di alcune parole. Alla fine può verificare semplicemente le risposte e dare ulteriori spiegazioni. L'ordine esatto delle parole dell'esercizio **a** è: *religiosa, Cristo, festosa, regali, cenone, tacchino, panettone, bianca, affollate, Carnevale*. Le combinazioni nel **b** sono: *meta - destinazione, scompartimento - treno, crociera - nave, valige - bagagli, supplemento - rapido, binario - stazione, prenotazione - camera, tariffa - prezzo*.

20-21 Prima dieci domande libere su feste, treni e tempo. In seguito una lettera che potrebbe essere anche più lunga del tetto massimo di parole suggerite.

Test finale e test di ricapitolazione: lavori come suggerito nell'unità introduttiva.

Conosciamo l'Italia

Due letture da non proporre necessariamente insieme alla fine della lezione (veda unità precedente). Le affermazioni esatte del primo testo sono: 2, 4 e 5. A pagina 77 può far leggere anche il manifesto in basso ("Le nuove FS...") e fare una discussione su somiglianze e differenze tra i servizi offerti in Italia e quelli nel vostro paese. Le soluzioni di p. 78 sono: 1b, 2a, 3a, 4b (bisogna osservare le due tabelle a sinistra e fare i calcoli). Quando la civiltà, o altre parti del libro, contengono materiali autentici non è necessario spiegare ogni parola nuova che si trova in essi; anzi, molto spesso è sconsigliabile, almeno a questo livello, poiché molte di loro sono di bassa frequenza e, quindi, praticamente inutili. Questo va spiegato agli studenti, sempre pronti a scri-

Unità 5

Progetto Italiano 1 - Guida e chiavi

vere la traduzione del lessico sconosciuto. Lo stesso vale per elementi grammaticali nuovi, come il *si* passivante del primo testo, la cui spiegazione approfondita potrebbe confondere gli studenti. Al contrario, ogni tanto spieghi loro quanto importante è poter capire dal contesto globale e che avranno sempre elementi sconosciuti di cui però non devono preoccuparsi.

* Il *Palio di Siena* è una tradizionale gara a cavallo, nata nel medioevo, tenuta in *Piazza del Campo* tra le dieci contrade (quartieri) della città; si organizza due volte all'anno, il 2 luglio e il 16 agosto. La *Regata Storica* di Venezia si organizza la prima domenica di settembre; comprende una gara tra le imbarcazioni rappresentanti dei sestieri (quartieri) della città e il *Corteo Storico*, organizzato per la prima volta nel 1489 in onore di Caterina Cornaro, regina di Cipro. *La Giostra del Saracino* di Arezzo è una gara medievale in cui i cavalieri devono colpire con la loro lancia uno scudo appeso da un fantoccio (bambola) mobile.

LIBRO DEGLI ESERCIZI

1
1. **Tornerete** per l'ora di pranzo?
2. Gli 883 **canteranno** una nuova canzone.
3. Con questo traffico **perderete** il treno.
4. Marco e Lucia **cambieranno** appartamento.
5. **Ascolteremo** con attenzione la sua proposta.
6. No, **passeremo** le vacanze al mare.
7. Quando **finirete** con questi esercizi?
8. Sì, **preparerò** io il pranzo.
9. **Resteremo** fino alla fine dell'estate.
10. Sì, **scenderemo** con l'ascensore.

2
1. Franco ha deciso; **starà** da noi per tutto il mese di giugno.
2. I ragazzi **avranno** sicuramente fame!
3. Non **saremo** a Milano prima del 5 settembre.
4. Come **farete** ad arrivare a casa con questo tempo?
5. Se non sbaglio, domani **avrai** molto da fare!
6. Signora, **farà** un caffè anche per me?
7. State tranquilli; **staremo** molto attenti.
8. Ti prego, telefona quando **avrai** in mano i documenti.
9. Il mese prossimo mio figlio **darà** un esame difficile.
10. Per il momento non possiamo fare niente; **staremo** a vedere!

3
1. La signora Pina **avrà** qualche problema con il marito!
2. Sono certo che tutti **farete** il vostro dovere.
3. **Staremo** da Michele solo alcuni giorni.
4. Il libro che cerchi **sarà** in un cassetto.
5. Io non **darò** mai via la nostra casa per quattro soldi!
6. Se non puoi adesso, **farai** questo viaggio un'altra volta.
7. Se Giulia non viene, significa che **avrà** da fare.
8. Domani sera le sorelle di Donatella **daranno** una festa.

9. Non **sarò** io un ostacolo alla tua felicità!
10. Penso che i ragazzi **avranno** la pazienza di aspettare.

4 *Paolo*: Adesso che abbiamo finito cosa **farai**?
Giacomo: Io **tornerò** a casa; **lavorerò** in un ufficio tecnico o **farò** il disoccupato per un po'.
Paolo: E tu?
Riccardo: Io **vedrò**. Con la mia laurea non **sarà** facile trovare un buon posto, ma forse **aprirò** una farmacia.
Giacomo: E tu, Paolo?
Paolo: Mio padre **sarà** contento perché finalmente **avrà** un figlio laureato. **Staremo** a Firenze ancora per un breve periodo e poi io e la mia famiglia **andremo** all'estero; **sarà** un po' difficile, ma guadagneremo molto di più.

5 *Tonino*: Che brutta situazione; cosa **succederà**?
Gianni: Un bel niente, **vedrai**; Luigi dice spesso che **lascerà** tutto e che **partirà** e non **tornerà** più. Ma sono sicuro che alla fine **troveranno** come le altre volte un accordo; lui **chiederà** scusa, **dirà** che non può vivere senza lei. E, come in una favola, **vivranno** tutti felici e contenti.
Tonino: E se questa volta **farà** sul serio?
Gianni: Se **farà** sul serio, non **succederà** la fine del mondo. All'inizio **sarà** difficile, ma poi i ragazzi **cresceranno** e la moglie che è bella e giovane **troverà** sicuramente un altro.

6 1. **Saranno** una ventina.
2. **Avrà** 20, forse 22 anni.
3. Ma no, **fumerò** 4 o 5 sigarette al giorno.
4. **Passeranno** ventimila macchine al giorno.
5. No, **berrò** due o tre caffè al giorno.
6. **Sarà** dalle parti della stazione centrale.
7. Tutte storie: **avranno** sì e no trenta mila euro in banca.
8. **Sarà** alta un trenta metri.
9. No, **disterà** un duecento chilometri.
10. **Mancherà** sì e no mezz'ora.

7 1. Per favore, non fare tardi come l'altra volta!
Stai tranquilla: **sarò** puntuale come un orologio svizzero.
2. Ma non vedi come sei diventata?
Hai ragione; da domani **inizierò** una dieta di ferro!
3. Se non abbassate il volume, chiamo la polizia!
Va bene, **abbasseremo** il volume.
4. Sei andato in Spagna e non hai portato nemmeno un ricordino?
Quando vado in Italia, **porterò** un sacco di ricordini.
5. Ancora una volta vedo che i piatti sono sporchi?!
Va bene; **laverò** non solo i piatti, ma anche le pentole.

Unità 5

Progetto Italiano 1 - Guida e chiavi

6. Ma è possibile che in sei mesi non avete dato un esame?
Hai ragione; da domani **studieremo** come pazzi.
7. Sei tornato di nuovo tardi?
Giuro che non **farò** più tardi.
8. Sono le sette e ancora non avete finito?
Stai tranquillo; **finiremo** prima delle nove.
9. Mamma mia, quanto fumi!
Hai ragione; da domani **cercherò** di fumare meno!!!
10. Ma è possibile che tuo figlio spende tanto?
Ha promesso che **spenderà** di meno.

8
1. Se avrà i soldi, verrà anche lei in Tailandia.
2. Se finirò prima, andrò a trovare Carmen.
3. Se non risponderai, lascerò un messaggio sulla tua segreteria telefonica.
4. Se riuscirò a mettere i soldi da parte, comprerò una bella Punto cabrio.
5. Se arriverete in anticipo, aspetterete al bar sotto casa?
6. Se farai degli studi seri, avrai più possibilità di trovare un lavoro.
7. Se andranno adesso alle poste, faranno in tempo a spedire il pacco.
8. Se prenderai un'aspirina, il mal di testa passerà subito.
9. Se continueranno a non pagare, sarà un grosso problema per la nostra azienda.
10. Se sarai contento tu, sarò contento anch'io.

9
1. Credo che **potremo** andare via senza chiedere permesso.
2. **Vedrò** con piacere i miei vecchi compagni di scuola.
3. **Andrete** in compagnia di Luca o di Giovanni?
4. **Potrai** rimanere a casa mia tutto il tempo che **vorrai**.
5. Non **sapremo** nulla prima di domani.
6. Ho una sete che **berrò** un'intera bottiglia da un litro di acqua minerale.
7. **Verranno** certamente anche Daniele e la sua ragazza.
8. Non fa niente: questa volta **pagherò** io, un'altra volta **pagherai** tu.
9. Se non state attenti, **rimarrete** di nuovo senza soldi.
10. Ragazzi, nessun problema; **vedrete** che tutto **andrà** bene.

10
1. **Rimarrò** in città e **andrò** a visitare i posti che non ho ancora visto.
2. I miei amici **andranno** in vacanza a Capri.
3. Voglio vedere come **andrà** a finire questa storia.
4. Non **dimenticherò** tutto quello che **farai** per me.
5. **Finiremo** di vedere il film e poi **andremo** a letto.
6. **Sarò** felice se **tornerai** a trovare me e la mia famiglia.
7. Se **vorremo** avere successo, **dovremo** fare un programma serio.
8. Non so quando **potrò** passare a ritirare il vestito dalla lavanderia.

11
Piero: Ma veramente **passeremo** la serata a vedere stupidi show in TV?

Mario: Se **farai** una proposta interessante, io **sarò** dei vostri.
Piero: Intanto **darò** un'occhiata alla guida della città. Ecco, questo sì che può essere un modo per passare una serata diversa; proprio questa sera **canterà** al *Piper* Anna Oxa!
Mario: Il *Piper*, Anna Oxa: il mio locale e la mia cantante preferita! **Sarà** una serata indimenticabile. Sicuramente **canterà** i suoi grandi successi: *Donna con te*, *Senza pietà*; ah, che canzoni!!
Antonella: Tu non **cambierai** mai; **resterai** un eterno romantico.
Mario: Sì, sono un romantico e adesso **chiamerò** Chiara. Sono certo che **vorrà** venire pure lei.
Piero: Ragazzi, ma siamo senza biglietti; a quest'ora non sarà un problema?
Mario: Nessun problema, niente è impossibile per Mario. Ho un amico che lavora al *Piper* e **farà** l'impossibile. Sono sicuro che anche senza biglietto **entreremo**.

12
1. Appena **avrà finito** di cenare, **verrà** subito da te.
2. Appena **saremo arrivati** in albergo, **faremo** una doccia.
3. Dopo che **avrò visto** il film, **andrò** subito a letto.
4. Quando **avrete finito** di studiare, **potrete** uscire.
5. Appena **avrò visto** lo spettacolo, **scriverò** la critica.
6. Appena **avrò letto** il giornale, **saprò** i risultati delle partite.
7. Dopo che **avremo telefonato** ai nostri genitori, **verremo** in discoteca.
8. Appena **avrete lavato** la camicia, **vedrete** che non è di buona qualità.
9. Quando **avremo messo** i soldi da parte, **compreremo** sicuramente la macchina.
10. Quando **avrà preso** la laurea, **cercherà** un lavoro.

13
1. **Telefonerò** quando tutto **sarà finito**.
2. Mi dispiace, non **potrò** seguire il corso, perché dal prossimo mese **andrò** a vivere in un altro paese.
3. Se **continuerete** a parlare tutti insieme, non **potrò** capire quello che dite.
4. Sono uno straccio, ma se **riuscirò** a dormire almeno 8 ore, **starò** certamente meglio.
5. Appena i ragazzi **avranno dato** l'esame di anatomia, **andranno** in vacanza.
6. Se **avrai** tempo, **potrai** visitare anche i paesi vicini.
7. Appena **avremo messo** piede nella nuova casa, **inviteremo** tutti i nostri compagni di Università.
8. Ho paura dell'aereo, ma **berrò** un bel cognac e non **capirò** niente.
9. Non è venuto; forse **avrà** da fare.
10. Quando **avrò sposato** Cecilia, **andremo** in viaggio di nozze in Svezia.

14
1. Quando **avrò preso** la laurea, **ritornerò** al mio paese.
2. Quando **avrete perso** qualche chilo, **potrete** mettere il bikini.
3. Marco **verrà**, appena la partita **sarà terminata**.
4. Solo dopo che **avrai letto** il libro, **capirai** chi è l'assassino.
5. Quando **avrò parlato** con l'avvocato, **avrò** le idee chiare.
6. Se per quell'ora **avremo finito**, **andremo** a teatro.
7. Se **avrà ricevuto** i soldi, **verrà** anche lui in Portogallo con noi.
8. Se Daniele non **avrà telefonato** fino alle nove, **dovremo** telefonare noi.

Unità 5

15 1. **Sarà finita** la benzina.
2. **Saranno rimasti** ancora qualche giorno al loro paese.
3. Sì, è vero; **avranno capito** che non sono fatti l'uno per l'altra.
4. Come al solito, lo **avrà cercato** nel posto sbagliato!
5. Sono certa che **avrai fumato** troppo.
6. **Avrà finito** di lavorare prima.
7. Penso che **avranno mangiato** prima di venire da noi.
8. **Avrete avuto** dei buoni motivi per non andarci.
9. **Avranno sbagliato** di nuovo la strada.
10. Forse non **avrà spedito** la lettera raccomandata.

16 Ascolto

A pagina 61 del Libro degli esercizi. Faccia ascoltare il brano almeno due volte. Le risposte giuste sono: *1b, 2c, 3a, 4a, 5c, 6c*. *In sottofondo si ascolta *L'inverno* dalle *Quattro stagioni* di A. Vivaldi, scelto ovviamente non a caso.

Ecco il dialogo:
- Amore, oggi è il 15. Fra dieci giorni è Natale; dobbiamo decidere cosa faremo.
- Sai già cosa voglio fare io: andiamo a sciare sulle Dolomiti!
- Di nuovo le Dolomiti? Ci siamo stati l'anno scorso. Perché non andiamo a Rio de Janeiro quest'anno?
- Ma sei pazza!? Solo i biglietti aerei per Rio costeranno più di cinque milioni.
- Ma no, ma che dici? Ho visto il dépliant di un'agenzia specializzata in viaggi in Sud America e ho anche telefonato: cinque notti in albergo di prima categoria, colazione e pranzo, e biglietti aerei costano 1.500.000 a testa. In tutto, tre milioni solo!
- Ah sì!? Hai ragione, è un prezzo abbastanza logico. Io, però, a Natale non voglio andare al mare; io voglio mangiare il panettone, fare regali, essere al cenone del Capodanno con amici e parenti e, soprattutto, sciare... Insomma, feste tradizionali.
- Ma dai, amore; facciamo qualcosa di nuovo! Tutti vanno a sciare a Natale; mentre quello che propongo io sarà un'esperienza del tutto nuova. Vedrai che ci divertiremo un sacco.
- Andremo al mare, sì. E poi, in agosto, andremo sulle Alpi a fare snow board!!! Non lo so Paola. Ci devo pensare...

TEST FINALE

A 1. **c.** Non so se potrò accompagnare Carmela a casa.
2. **b.** Verrete anche voi alla festa di Giusy?
3. **c.** Se finiremo prima, passiamo da voi.
4. **b.** Solo quando tu sarai tornato, noi prenderemo la decisione.
5. **b.** Non sono sicuro se verrò al cinema con voi.
6. **a.** Darai tu l'invito a Carlo?
7. **c.** Non so se vorranno venire in gita con noi.
8. **c.** È vero che andrete tutti a trovare Felipe in Spagna?

Progetto Italiano 1 - Guida e chiavi

Unità 5

B
1. Noi **partiremo**, quando **avremo finito** di lavorare.
2. Solo dopo che **avrò sistemato** i bambini, io **penserò** a voi.
3. Quando **saremo arrivati** in albergo, **faremo** una doccia fredda.
4. Appena **avrà smesso** di piovere, io **uscirò**.
5. Dopo che **avrò sentito** quei ragazzi parlare, **capirò** di dove sono.
6. Elena, ti **richiamerò** quando **sarai tornata** dal Portogallo.
7. Ercole, ti **telefonerò**, appena **sarò arrivato** a Firenze.
8. **Partirete**, appena **avrete ricevuto** soldi da casa?
9. Quando **avrò saputo** i risultati, **deciderò** cosa fare.
10. Noi **verremo** a trovarti, appena **avremo avuto** il tuo nuovo indirizzo.

C Cruciverba

1. Vento
2. Befana
3. Mensile
4. Espresso
5. Temporale
6. Capodanno
7. Nuvoloso
8. Costume
9. Cenone
10. Fatto

2° test di ricapitolazione (unità 3, 4 e 5)

A
1. Ringrazio tanto la tua famiglia **della** (**per la**) gentile ospitalità.
2. Quando parlo **al** telefono, non riesco mai **a** dire quello che voglio!
3. Sono andato **alle** poste **per** spedire una lettera **ai** miei genitori.
4. Prenderò qualche giorno **di** riposo **per** stare vicino **ai** miei figli!
5. Cerca bene: il tuo vestito rosa è **nell'**armadio, vicino **a** quello verde **di** tua sorella.
6. Se tutto va bene, domani arriverà il mio fidanzato **dalla** Germania.
7. Auguro **a** tutti tanta felicità!
8. La casa di Mirella si trova proprio davanti **al** parco.
9. Vado **in** centro **a** comprare un completino **al** negozio **di** Armani.
10. Il posacenere è **sul** tavolo **in** cucina.

B
1. Se tutto andrà bene, prenderò la mia laurea **alla** fine **di** questo mese.
2. Per favore, puoi portare la macchina **dal** meccanico?
3. Oggi **fra** uomini non c'è tanta comprensione come **nel** passato.
4. Quando andrai **al** tuo paese?
5. Gli appunti **di** Mario sono **nella** mia borsa.
6. I ragazzi sono rimasti ancora **per** qualche giorno **dai** nonni: penso che torneranno **per il** compleanno **di** Mariangela.
7. Secondo le previsioni, pioverà **per** tutta la settimana **su** tutta l'Italia.
8. Se non facciamo **in** tempo questa sera, andremo **a** teatro domani.
9. Cercate **di** portare roba pesante perché **in** montagna **di** sera fa freddo!
10. Tu e la tua compagna **negli** ultimi tempi siete diventati insopportabili!

C
1.
- Buon giorno, tesoro; vai **in** centro?
- Sì.
- Allora vengo **con** te perché ho bisogno **di** un paio **di** scarpe nuove.
- Ma non puoi vedere **in** qualche negozio qua vicino?
- Ho guardato, ma non c'è niente **di** interessante.

2.
- Ciao, Antonello, dove sei stato tutto questo tempo?
- Sono stato **in** giro **per** l'Europa.
- Che bello! Ma non hai detto niente **a** nessuno **di** questo tuo progetto?
- No, e tu dove sei stata?
- Sono stata **in** vacanza **in** Sardegna, **sulla** Costa Smeralda: un posto unico **al** mondo! Bisogna vedere **per** credere.

D
1. Come **hai passato** il fine settimana? **Sei andato** forse al tuo paese o **sei rimasto** in città?
2. Se **avete finito**, potete andare via!
3. L'altro giorno **siamo usciti** ed **abbiamo incontrato** Lisa, che **ha accettato** di bere un caffè insieme a noi.
4. **Sono passati** tanti anni, ma tu non **sei cambiato** affatto.
5. Ma è possibile che non **avete capito** ancora come funziona il climatizzatore?!
6. Buona notte ragazzi; **è stata** una serata molto divertente.

7. Cara Valeria, **hai fatto** veramente bene a venire.
8. Non veniamo con voi perché **abbiamo visto** già questo film.
9. Gerardo **ha cambiato** casa; ora vive in centro.
10. La Juventus **ha vinto** lo scudetto.

E
1. Soltanto quando **avrò finito** di pagare la macchina, **potrò** pensare ad altre spese.
2. Dovete sapere che se non **verranno** per le sei, significa che non **avranno potuto** lasciare prima l'ufficio.
3. Speriamo che Alessandro e sua moglie **avranno mangiato**, altrimenti **bisognerà** preparare qualcosa.
4. Per prima **cercheremo** di perdere qualche chilo e poi **faremo** un pochino di ginnastica.
5. Per favore, ragazzi, non insistete: **partirete** solo dopo che **avrete prenotato**.
6. È vero che Giacomo **prenderà** un prestito e **aprirà** una farmacia appena **avrà preso** la laurea?
7. Sono certo che Luisa **farà** il possibile per aiutare Anna.
8. Se **ascolterai** il nuovo cd di Bocelli, **capirai** perché ha venduto tanti milioni di dischi in tutto il mondo.
9. Ragazzi, oggi è sabato e **potremo** tornare anche dopo le due.
10. **Smetterò** di fumare, se prometti che **smetterai** anche tu.

Unità 6

Per quanto riguarda la grammatica, la 6ª unità è dedicata principalmente ai pronomi e agli aggettivi possessivi, la cui differenza non viene appositamente segnalata per non confondere gli studenti. Inoltre, vengono presentate forme assai utili (*mi piace, vorrei*) che saranno riprese ed analizzate nelle unità successive. Gli elementi comunicativi e lessicali, sono legati alla cucina e, in particolare, a quella italiana.

LIBRO DEI TESTI

1 Lavori come suggerito nel n.1 della prima unità (veda anche la premessa del Libro dei testi e della grammatica). Le risposte giuste sono: *1f, 2v, 3v, 4f*. Prima di ascoltare la cassetta, come 'riscaldamento', può fare una breve discussione (in italiano) sull'importanza dell'amicizia, amici fedeli, esperienze analoghe a quella descritta nel testo ecc..

3 Ormai dovrebbe aspettare risposte complete e, quanto possibile, grammaticalmente corrette da parte degli studenti. Può approfittare di quest'attività per vedere se tutto ciò che si è insegnato finora, è stato appreso e assimilato dalla classe.

4 Come spiegato anche nell'unità precedente gli studenti possono lavorare individualmente oppure a coppie. In ogni caso dovrebbero avere tempo sufficiente a disposizione. L'ordine esatto dei pronomi è: *tuoi, miei, mia, mio, suoi, sue, sua, mia, mia, mia.*

6-7 La scheda della pagina 81 presenta dettagliatamente i possessivi attraverso una serie di frasi. Gli studenti potrebbero, avendo abbastanza tempo a disposizione, consultarla e cercare di rispondere agli esercizi 6 (oralmente) e 7 (per iscritto). Un'altra idea sarebbe di far leggere prima la scheda ad alta voce e dare le spiegazioni necessarie, e poi passare alle attività di cui sopra.

8 Passiamo ad una delle particolarità dei possessivi, i nomi di parentela, che spesso crea dei problemi ai nostri studenti. La scheda dovrebbe essere alquanto chiara e comprensibile. Se, nonostante questo esercizio orale e i due scritti che seguono, ritiene che gli studenti continuino ad avere difficoltà, può proporre loro esercizi di traduzione - dalla lingua madre in italiano - comprendenti frasi relativi ai nomi di parentela e non. Comunque, Le consigliamo ogni volta che incontra questo fenomeno di ripetere la regola anche nelle unità future, in quanto quello del possessivo con i nomi di parentela è uno degli errori più frequenti degli studenti di italiano.

9 La scheda precedente, oltre alle particolarità cui si è accennato prima, presenta appunto i nomi di parentela che gli studenti sono chiamati a usare in questa attività orale. Praticamente questo role - play è la continuità dell'esercizio 8. Lavori come suggerito nel punto 8 della seconda unità di questa guida facendo parlare quanto più persone possibile.

10 Questo dialogo introduce un argomento assai importante e utile per chi si trova o si troverà eventualmente in Italia. Leggendo il dialogo gli studenti possono rispondere alle domande orali che seguono, nonostante i tanti elementi nuovi. Come avrà notato in questa unità (e in particolare nelle p. 83-88) viene presentato un grande numero di parole relative alla cucina; dovrebbe, quindi, decidere con attenzione quante di esse è pos-

Progetto Italiano 1 - Guida e chiavi ....**Unità 6**

sibile che imparino i Suoi alunni, sempre pronti a scriverne la traduzione.

p. 84 Attraverso una serie di esempi presentiamo tre nuove forme grammaticali che, secondo l'ordine dell'indice del libro, appartengono a unità future. Riteniamo comunque che si tratti di forme indispensabili, non soltanto per le funzioni comunicative di questa unità (esprimere preferenza, ordinare ecc.), ma utilissime in ogni attività orale. Ovviamente, come notato anche nel libro, non c'è motivo di fare un'analisi approfondita del condizionale o dei pronomi indiretti: a volte bisogna controllare la costante curiosità degli studenti. Da sottolineare il fatto che *vorrei* e *mi piace* sono accompagnati dall'infinito.

11 Ascolto
Gli studenti devono ascoltare il dialogo (2-3 volte) e segnare accanto a ogni piatto la lettera iniziale delle due persone secondo la loro ordinazione. Le risposte giuste sono: <u>Giuseppe</u>: *fettuccine ai funghi, bistecca ai ferri, antipasto misto, panna cotta* / <u>Luisa</u>: *penne all'arrabbiata, involtini alla romana, prosciutto e melone, tiramisù* / <u>in comune</u>: *insalata verde, Sangiovese.* Se il tempo non lo permette, farebbe bene a non insistere sulla spiegazione di ogni singolo piatto. Molti dei tipi di pasta presentati si trovano nella foto di p. 89.

Ecco il dialogo:
Giuseppe: Hai deciso, amore?
Luisa: Quasi; per primo penso di prendere le penne all'arrabbiata. Tu, hai scelto?
Giuseppe: Non so; sono indeciso tra i rigatoni al sugo e gli spaghetti al ragù.
Luisa: Perché non provi le fettuccine ai funghi? I funghi ti sono sempre piaciuti, vero?
Giuseppe: Hai ragione, prendo le fettuccine. Per secondo, hai scelto? Io prendo una bistecca ben cotta.
Luisa: Per me... gli involtini alla romana. Proprio ieri ho mangiato il vitello a casa.
Giuseppe: Bene. E che antipasto vuoi?
Luisa: Prosciutto e melone senz'altro. Vuoi qualcos'altro?
Giuseppe: Io vorrei un antipasto misto. Prendiamo anche il salmone affumicato?
Luisa: No, secondo me è troppo; basta così. Che insalata vuoi?
Giuseppe: Una verde va bene?
Luisa: Sì. Cosa beviamo? Un Lambrusco?
Giuseppe: Se per te fa lo stesso, io vorrei provare un Sangiovese.
Luisa: O.K., tu sai meglio di me. Il dolce lo ordiniamo adesso o dopo?
Giuseppe: Forse meglio alla fine; io comunque voglio una bella panna cotta.
Luisa: Facciamo così: io prendo il tiramisù, ma assaggio un po' della tua panna cotta; va bene?
Giuseppe: Va bene amore; cameriere!

12 Utilizzando le forme grammaticali viste nella pagina precedente (*mi piace* e *vorrei*) e il vocabolario di sopra, gli studenti sono in grado di fare un'ordinazione completa. Si può lavorare in coppia o gruppo (brevi discussioni tra gli studenti), oppure ognuno può parlare al resto della classe. Sicuramente più persone parlano e più verranno praticati i suddetti elementi nuovi.

13 Un'attività simile a quella precedente con la differenza che si lavora utilizzando gli ingredienti che mettiamo su una pizza. Lavori come suggerito nel punto 8 della 2ª unità di questa guida facendo parlare quante

55

Unità 6

Progetto Italiano 1 - Guida e chiavi

più persone possibile.

14 Lasci agli studenti 3-4 minuti di tempo per provare ad abbinare da soli le due colonne: molto probabilmente ci riusciranno abbastanza bene. Alla fine può spiegare le parole ancora non indovinate. L'ordine esatto è: *1. squisito, 2. freddo, 3. piccante, 4. buono, 5. salato, 6. saporito, 7. abbondante, 8. cotta.*

15 Un breve dialogo che presenta un nuovo vocabolario relativo all'argomento. Può dare agli studenti 2-3 minuti per leggerlo e poi rispondere alle domande orali. Come sempre, meglio dare alla fine le spiegazioni necessarie.

16 Scopo dell'attività è far parlare agli studenti e, nel contempo, memorizzare inconsciamente le parole presentate guardando i disegnini. Possono discutere tra di loro ("cosa mangi a colazione?") oppure rispondere individualmente alle Sue domande. Se ha tempo, potrebbe anche disegnare alla lavagna tre colonne e scrivere: **a.** cosa si mangia a colazione **b.** cosa a pranzo **c.** cosa a cena, e fare una comparazione con il Paese degli studenti.

quello/bello: se ha tempo, farebbe bene a insistere su queste forme che i nostri alunni sbagliano spesso parlando e scrivendo. Qui vale il consiglio dato per l'attività 8, cioè quello di ripetere tale regola anche quando si va avanti con le unità.

17 Due forme abbastanza utili che in genere gli studenti d'italiano usano poco. Sicuramente vanno riviste anche in futuro.

18 a. Esercizio simile al n.14, ma leggermente più difficile. Sicuramente si tratta di parole molto utili, spesso proposte a certificazioni di ogni tipo e livello. Le coppie di parole sono: *cuocere la pasta, bollire l'acqua, friggere i pesci, mescolare il sugo, sbucciare la frutta, pelare i pomodori, affettare il salame.*

b. In modo semplice e senza fretta gli studenti possono descrivere l'utilità degli arnesi raffigurati: *nella pentola cuociamo la pasta e qualsiasi cibo, la padella serve per friggere patate, pesci, uova ecc., la pentola a pressione (con la sua valvola di sicurezza) si usa per cuocere molto più velocemente, il colapasta (o scolapasta), coliamo la pasta...(colare non significa asciugare), il matterello serve per spianare (e stendere) la pasta sfoglia, sul tagliere affettiamo frutta, verdura, salumi o pane, con il cavatappi apriamo le bottiglie di vino e, infine, con il mestolo mescoliamo e assaggiamo sughi e zuppe.*

19-20 Domande libere orali cui possono rispondere più studenti scambiandosi idee. Il tema scritto, d'altra parte, risulterà assai più facile una volta lette le ricette italiane di p.90.

Test finale: veda i suggerimenti dell'unità introduttiva.

Conosciamo l'Italia

La prima delle letture proposte si riferisce alla cucina italiana e alla sua storia. Si tratta di informazioni interessanti e utili di quelle che piacciono agli studenti d'italiano, le riportano ai loro amici contribuendo magari così alla diffusione della cultura italiana. Le ricette che seguono sono di due piatti largamente noti. Come sempre lasci ai Suoi alunni un po' di tempo per leggere e rispondere alle domande. Alla fine verifichi le risposte e, se c'è tempo, spieghi eventuali parole sconosciute. Le risposte esatte sono: *1b, 2c, 3b.* Il terzo testo riassume alcune delle abitudini alimentari degli italiani presentando delle parole nuove. L'attività che segue cerca di rendere la lettura più interessante. *Vittorio andrebbe in un ristorante, Rita in un bar o in una paninoteca, il signor Bocca in una pizzeria e Lidia in un fast food.* In **b.** gli studenti potrebbero esprimere e giustificare le loro preferenze circa i locali raffigurati nelle foto, oppure descriverne uno che hanno visitato di persona.

LIBRO DEGLI ESERCIZI

1 1. **La mia** moto è un'*Aprilia*.
2. **La sua** casa è in periferia.
3. **Il loro** bambino ha quattro anni.
4. **Il nostro** amico si chiama Hans.
5. **Il vostro** impegno non è importante!
6. **La loro** villa è bellissima.
7. **I miei** gatti sono siamesi.
8. **I suoi** dischi sono quasi tutti vecchi.
9. **I tuoi** amici sono dei bravi ragazzi!
10. **I vostri** errori non sono gravi.

2 1. **Il mio** motorino è velocissimo.
2. **Il nostro** debito è di cinquemila euro.
3. **Il suo** ragazzo è brasiliano.
4. **La vostra** passione è il calcio.
5. **Le loro** fidanzate sono francesi.
6. **I loro** professori sono stranieri.
7. **Il tuo** orologio è d'oro?
8. **Il nostro** conto in banca è piccolo.

3 1. Abbiamo cercato inutilmente **la loro** casa.
2. Ho ricordato **il suo** numero di telefono.
3. Ho dimenticato di portare **le vostre** foto.
4. Porterò io **la loro** borsa.
5. Ho incontrato **i nostri** amici.
6. Non abbiamo avuto il tempo di visitare **il suo** paese.
7. Ho portato in lavanderia tutti **i suoi** vestiti.
8. Ho mangiato con piacere **la loro** pizza.

4 1. Ragazzi, avete dimenticato **i vostri** documenti.
2. Professore, ho preso per sbaglio **il Suo** giornale.
3. Antonio, **il tuo** orologio è nuovo?
4. Gianna, hai visto per caso **i miei** occhiali?
5. Roberto è tanto triste perché **la sua** ragazza è andata a vivere in un'altra città.
6. Andrò in vacanza con tutta **la mia** famiglia.
7. Caro Silvio, cerca altrove **il tuo** portafoglio!
8. Dottore, **i Suoi** pazienti aspettano da molto.
9. Sono arrivati Angela e Vittorio con **i loro** figli.
10. Abbiamo visto **il nostro** cantante preferito in uno show televisivo.

5 1. Lavorano in fabbrica e in questo periodo **la loro** fabbrica è in crisi.

Unità 6

Progetto Italiano 1 - Guida e chiavi

2. Questa è **la Sua** macchina, signor Bianchi?
3. Le aspirine sono nel cassetto **della mia** scrivania.
4. È un tipo particolare: vive **nel suo** mondo!
5. Il signore e la signora Spinelli hanno festeggiato **il loro** anniversario di matrimonio.
6. Mariolina ha dato **i suoi** ultimi due esami.
7. Pensa con nostalgia **ai suoi** amori del passato?
8. Abitiamo in Italia e in estate tanti turisti visitano **il nostro** Paese.
9. Domani potete passare dalla banca per ritirare **il vostro** stipendio.
10. Ci sono genitori che lasciano fare **ai loro** figli tutto quello che vogliono.

6
1. Parlo con **il mio** ragazzo.
2. Forse partirò con **i miei** amici.
3. Conoscerai **i nostri** genitori al più presto.
4. Certo che ho preso anche **i loro** passaporti.
5. Sì, questa è proprio **la sua** casa.
6. Signora, potrò visitare **il Suo** cane nel pomeriggio, verso le 5.
7. Perché a quest'ora **i miei** vicini di casa dormono.
8. Abbiamo guardato bene **nei nostri** cassetti, ma non abbiamo trovato nulla.
9. Non chiederemo **il loro** aiuto, faremo da soli.
10. Sì, è proprio **la sua** ragazza.

7
1. Sì, **è loro**.
2. Sì, **è mia**.
3. No, non **sono nostri**.
4. Sì, **sono mie**.
5. No, non **è loro**.
6. Sì, **è sua**.
7. No, non **sono miei**.
8. Sì, **è sua**.

8
1. Signora Rosa, quali sono **i Suoi** fiori preferiti?
   I miei fiori preferiti sono le rose.
2. Avete portato **il mio** vino preferito?
   Certo che abbiamo portato il tuo vino preferito.
3. **I vostri** figli studiano ancora in Italia?
   No, i nostri figli ormai hanno finito.
4. La tua fidanzata è quella ragazza coi capelli biondi?
   No, **la mia** ragazza è quella coi capelli castani.
5. Hai preso tu **le mie** riviste?
   Ma no, che non ho preso io le tue riviste.
6. Posso prenotare anche per le mie amiche?
   Certo, signora, che può prenotare per **le Sue** amiche.
7. Siete sicuri che questo è l'indirizzo della **vostra** pensione?
   Ecco, via Mazzini 32: questo è l'indirizzo della nostra pensione.
8. C'è posto anche per Angela e Piero nella **tua** macchina?
   Mi dispiace, ma nella mia macchina c'è posto solo per una persona.

9 1. Quell'uomo coi capelli grigi è **suo (tuo, ecc.)** padre?
2. È andata a trovare **sua** sorella che non sta bene.
3. Da quando è tornato **mio** fratello divido la camera con lui.
4. **Mio (tuo, nostro, ecc.)** nonno è andato a ritirare la pensione.
5. Non abbiamo trovato casa e siamo costretti a vivere con **i nostri** suoceri.
6. **I miei** cugini studiano all'Università di Trento.
7. Signor Gennaro, c'è **Sua** moglie al telefono.
8. **Mio** cugino, Renato, è professore di storia e filosofia al Liceo *Tasso*.
9. Devo ammettere che **mia (tua, ecc.)** madre è una persona gentile: non viene mai a controllare!!
10. Siamo preoccupati: sono le tre e **nostro** figlio non è ancora rientrato.

10 1. **Mia** sorella ha 30 anni, ma per me resta sempre **la mia** sorellina.
2. Io e **il mio** caro papà siamo più che amici!
3. Conosco **mio** marito dagli anni del ginnasio.
4. Stella e Valerio non sono tanto ricchi, ma **il loro** padre ha tanti di quei soldi!!!
5. **La mia** dolce mamma compie oggi 50 anni.
6. Sono venuti **i miei** cugini e hanno portato anche **le loro** figlie.
7. **I nostri** nipotini vanno allo stesso asilo.
8. Alice è partita per il paese perché **suo** zio si sposa.
9. **I tuoi** fratellini sono dei piccoli diavoli!!
10. Fortunati i nostri amici! **La loro** madre ha vinto al totocalcio!

11 *Postino*: Buongiorno, dottor Santini, c'è una raccomandata per **Sua** moglie. Vuole firmare?
Ennio: Grazie! ...Cara, vieni! **Tuo** cugino ha mandato i documenti per la vendita **della tua** casa in campagna.
Vera: Sono molto dispiaciuta; sai, in questa casa abbiamo passato le vacanze con tutta **la mia** famiglia per molti anni. Ciro, **mio** cugino e **sua** moglie non vogliono vendere la casa, ma **i loro** figli hanno bisogno di soldi.
Ennio: Mi vuoi parlare un po' di questa casa, **della tua** famiglia?
Vera: Hai ragione, non sai quasi nulla **della mia** famiglia. Dunque, come sai, **mio** padre, **mia** madre e **i miei** fratelli più grandi vivono in Argentina. Io sono cresciuta con **i miei** nonni che hanno comprato la casa con **i loro** risparmi e l'aiuto di **mia** zia Nunzia, la madre di Ciro. Adesso è chiusa da molti anni, ma bastano un po' di soldi e ritornerà bella come prima; sono veramente molto triste.
Ennio: Non essere triste, amore **mio**! Possiamo comprare noi la casa! Senti: diamo in anticipo **i nostri** risparmi, un aiuto da **tuo** padre, e il resto un prestito.
Vera: Dici davvero?! Oh, come sono felice! Grazie, amore **mio**, grazie!!!

12 *Siracusa, 23 luglio*

Caro Luca,
ho ricevuto **la tua** lettera solo ieri, per questo non ho scritto prima. Sono molto contento che **i tuoi** genitori stanno bene e che lavorano ancora; certo, **alla loro** età fare qualcosa aiuta.
Nella lettera non parli per niente **dei tuoi** progetti di matrimonio; come sta **la tua** ragazza? Dopo tanti

Unità 6

*anni penso che anche tu desideri avere una casa **tua**, una famiglia **tua**, dei figli. Io e Giulia abbiamo avuto un altro bambino quattro mesi fa. Federica, **nostra** figlia, è molto gelosa e non sappiamo cosa fare; forse la manderò per un periodo di tempo in campagna **dai miei** suoceri. Il lavoro per fortuna non manca e se tutto andrà bene verremo giù ad agosto.*
Per il momento non ho altro da dire, spero la prossima volta di avere più cose da raccontare.
*Tanti cari saluti **ai tuoi** genitori, **ai tuoi** cugini e **alle loro** ragazze.*

Un caro abbraccio,
Salvatore

13
1. Vorrei finire questo lavoro entro stasera.
2. Vorrei un dolce ma sto a dieta.
3. Vorrei invitare tutti i miei amici.
4. Vorrei pagare con la carta di credito, se è possibile.
5. Vorrei avere tanto tempo libero per fare il giro del mondo.
6. Con questo caldo vorrei una bella coca - cola ghiacciata.
7. Vorrei parlare con qualcuno dei miei problemi!
8. Vorrei passare da Luca prima di sera.

14
1. **Mi piace** la birra.
2. **Mi piacciono** i ragazzi con i capelli corti.
3. **A me piacciono** tanto, a mio fratello per niente.
4. **Mi piace** tanto, specialmente quando ride.
5. **Mi piacciono** tanto, ma non quando sto a dieta.
6. **Mi piace** scendere a piedi perché ho paura dell'ascensore.
7. **Mi piace** molto la cucina italiana, specialmente quella regionale.
8. **Mi piacciono** tutti e due.

15
1. Angelo e Piero possiedono due **begli** appartamenti in città.
2. Abbiamo piantato nel giardino dei **begli** alberi.
3. Non portate **quei** vostri amici.
4. **Quegli** scandali hanno fatto tremare il governo.
5. In Sardegna e in Sicilia producono dei **bei** vini rossi.
6. Rita porta dei **begli** orecchini.

16
1. Il costruttore ha venduto **quegli** appartamenti.
2. Questa luce crea dei **begli** effetti.
3. **Quegli** specialisti sono americani.
4. **Quegli** studenti sono molto bravi.
5. **Quei** quadri sono di un famoso pittore francese.
6. Per la mia festa ho ricevuto dei **bei** regali.

Unità 6

17 1. Col treno **ci vogliono** 4 ore.
2. **Ci mettiamo** solo cinque minuti.
3. **Ci vogliono** almeno 1.500 euro al mese.
4. **Ci mette** tanto perché c'è traffico.
5. Certo che **ci vuole** la patente!
6. No, non **ci vuole**.
7. No, se sei cittadino comunitario, non **ci vuole**.
8. **Ci metto** al massimo due ore.

18 1. Cercate **di** arrivare **in** orario **alla** lezione!
2. Luciano Pavarotti ha dato un concerto **all'***Arena* **di** Verona.
3. Abbiamo conosciuto parecchie persone e **di** queste due o tre francesi.
4. Non siamo **da** soli, siamo **in** compagnia.
5. Tonia è passata **dal** meccanico **per** lasciare la sua macchina.
6. Se non sbaglio, verranno **a** pranzo alcuni colleghi **di** mio padre.
7. **Con** questo brutto tempo preferisco rimanere **in** città.
8. Giorgio Armani è **tra** gli stilisti italiani più amati **all'**estero.

19 Cosa prova una donna a passare la soglia **dei** trentacinque anni? **Per** quasi tutte le donne rappresenta un'esperienza **da** cercare **di** evitare: il vero inizio **della** maturità, **con** tutto quello che significa. Oggi le cose sono davvero cambiate **in** meglio. Se guardiamo intorno **a** noi, è proprio **in** questa fascia **di** età che troviamo le donne più interessanti, non solo **nel** mondo **del** lavoro o **tra** le amiche, ma anche **nello** spettacolo. Possiamo quasi dire che **per** molte donne l'aumento **degli** anni sembra significare maggior successo.

20 1. - Parti **di** nuovo?
- Sì, vado **in** Sicilia, **a** Palermo, **per** conto **della** mia ditta.
- E quando ritorni?
- Ritorno **tra** due o tre settimane.

2. - Come mai **di** cattivo umore?
- Niente **di** speciale, **da** quando sono entrato **in** ufficio ho un leggero mal **di** testa.
- Io non posso capire **per** quale motivo non usate il condizionatore; **in** questi giorni la temperatura è salita molto. Forse **a** qualcuno dà fastidio?
- Hai indovinato: dà fastidio **al** direttore!

TEST FINALE

A 1. Non abbiamo **sue** notizie da quando è partito.
2. Abbiamo comprato la casa con **i nostri** risparmi e non con i soldi **di tua** madre.
3. Marco e Diana non sono ancora venuti a prendere **i loro** documenti e nemmeno **le loro** lettere.
4. Gentili signori, capisco **i vostri** dubbi, ma non possiamo fare diversamente!

Unità 6

    5. Antonio ha deciso di presentare **la sua** ragazza **ai suoi** genitori.
    6. Non puoi credere a quello che abbiamo visto con **i nostri** occhi!
    7. Ho appena finito di scrivere **a mio** zio Valerio.
    8. Carmela ama molto **il suo** fratellino più piccolo.
    9. Cerchiamo di stare attenti **ai nostri** figli.
  10. Ho fatto questo lavoro con le **mie** mani.

B   1. Sì, grazie, è **mio**.
     2. Sì, ho invitato **mio** suocero e anche **mio** cognato.
     3. No, non abbiamo noi **i tuoi** appunti, ma Sandra.
     4. Posso vedere **la Sua** domanda la prossima settimana.
     5. Lucia non ha preso **le tue**, ma quelle di **sua** sorella.
     6. Ho portato **la tua** macchina dal meccanico in via Zanardi.
     7. Mi dispiace ragazzi: non ho corretto né **i vostri** compiti, né quelli dell'altro corso.
     8. **Mio** zio torna domenica, **mia** zia è già tornata.

C   1. **c.** Oggi vengono a pranzo mio suocero e mia suocera.
     2. **b.** Giacomo è veramente un bel ragazzo.
     3. **c.** Cameriere, vorrei un bicchiere d'acqua.
     4. **a.** Mi piacciono i tipi allegri.
     5. **a.** Quell'amico mio è di Genova.
     6. **c.** I miei cugini abitano a Cesena.
     7. **c.** Mi piace andare qualche volta in discoteca.
     8. **b.** In quel ristorante ho mangiato bene.

D   **Cruciverba**

    1. Sugo
    2. Pasto
    3. Coltello
    4. Forchetta
    5. Cucchiaio
    6. Cameriere
    7. Antipasto
    8. Ricetta
    9. Panino
  10. Sale

Progetto Italiano 1 - Guida e chiavi

Unità 7

La 7ª unità è dedicata a elementi grammaticali su cui bisogna insistere, poiché non sono dei più semplici. Infatti, l'uso appropriato dei tempi passati (perfetto, imperfetto e trapassato) continua a destare problemi agli studenti d'italiano fino al livello superiore. Per quanto riguarda l'aspetto culturale, l'intera unità è dedicata al cinema, e introduce una serie di parole ad esso relative.
Gli elementi comunicativi, infine, hanno a che fare sia con i fenomeni grammaticali che con l'area tematica trattati.

LIBRO DEI TESTI

1 Faccia ascoltare il brano agli studenti che possono nel contempo guardare le foto abbastanza indicative. Le risposte giuste sono: *1f, 2f, 3v, 4f*. Prima di ascoltare la cassetta potrebbe riscaldare la classe facendo una breve discussione (in italiano) su film gialli psicologici, film recenti in genere ecc..

3 Ormai dovrebbe aspettare risposte complete anche se non del tutto grammaticalmente corrette da parte degli studenti.

4 Dal momento che questo dialogo assomiglia molto a quello introduttivo potrebbe chiedere ai Suoi alunni di coprire il testo originale e cercare di rispondere non a memoria, bensì secondo quello che hanno capito. L'ordine esatto dei verbi è: *spariva, doveva, guardavano, è suonato, è uscita, andava, aveva, viveva, credeva, stava, pensavamo*.

5 Se trova il tempo potrebbe provare ad assegnare questo riassunto in classe, anche come preparazione ad analoghe prove d'esame in futuro. Ciò, d'altra parte, varierebbe la Sua lezione. In ogni caso la ripetizione può risultare noiosa. La prevenzione, quindi, è sempre preferibile alla cura. Potrebbe, comunque, scrivere alla lavagna i vari generi di film e chiedere di discutere su di essi, sulle proprie preferenze, ecc..

6 Una semplice scheda grammaticale sulla formazione dell'imperfetto e l'esercizio orale per mettere in pratica le regole. Subito dopo una seconda scheda, questa volta sulle poche irregolarità dell'imperfetto. Tutto ciò giusto per andare avanti con il suo uso.

7 Imperfetto o passato prossimo? Nella scheda riassumiamo i casi e cerchiamo di semplificarli quanto possibile attraverso schemi ed esempi. In più, come andrebbe spiegato dopo una prima lettura, le parole in blu (*di solito, da giovane* ecc.) determinano la scelta del tempo corretto. Le consigliamo di lavorare su ogni caso separatamente facendo magari anche altri esempi. Le esercitazioni scritte del *Libro degli esercizi* corrispondono, d'altra parte, a ognuna di queste cinque 'categorie'. Così dopo aver spiegato il primo caso (imperfetto) potrebbe vedere le due prime frasi dell'esercizio scritto n. 7 della pagina 80 del *Libro degli esercizi*. Il secondo caso corrisponde al n. 8, il terzo al 9, il quarto al 10 e il quinto al 11, mentre gli esercizi n. 12-16 riassumono l'uso dei due tempi. Poi si potrebbe fare l'esercizio orale n. 7 della pagina 96 del *Libro dei testi*; qua gli studenti dovrebbero avere abbastanza tempo a disposizione per riflettere e cercare nella scheda della pagina precedente.

63

Unità 7

Progetto Italiano 1 - Guida e chiavi

8 Dopo una fase di intensa riflessione grammaticale si passa a degli elementi comunicativi alleggerendo così la lezione. Si tratta, comunque, di due funzioni legate indirettamente all'uso dell'imperfetto e del passato prossimo. Gli studenti possono leggere il primo testo e cercare di completare il secondo. Prima sono forse necessarie alcune Sue spiegazioni sulle espressioni che usiamo per raccontare e descrivere un avvenimento. Le soluzioni sono: <u>era, siamo partiti, era, c'era, sentivano, potevano, era, è cominciato, è andata avanti, siamo arrivati, pioveva, era, c'erano, sembrava</u>.

9 Anche se l'obiettivo è simile a quello dell'attività precedente, si lavora in modo diverso. Leggendo il dialogo gli studenti incontrano espressioni per poter parlare di ricordi, che sono comunque raccolte nella tavola in basso. Devono, quindi, cercare di completare i mini dialoghi che seguono. Questa attività può essere assegnata a casa, visto che in classe la fantasia spesso si blocca. A tal proposito può ricordare ai Suoi studenti l'importanza di avere il vocabolario a casa per le loro produzioni scritte.

10 Scopo dell'attività la messa in pratica delle forme appena viste. Lavori come suggerito nel punto 8 della 2ª unità di questa guida facendo parlare quante più persone possibile. Se preferisce, può svolgere tali mini dialoghi con più coppie contemporaneamente. Si ricordi di variarne le componenti di tanto in tanto: ciò non dovrebbe permettere agli studenti di distrarsi o di ricorrere all'uso della lingua madre; trovandosi, invece, con compagni nuovi dovrebbero avere più motivazioni per sforzarsi di più.

11 Concludiamo praticamente con l'imperfetto sottolineando la particolarità dei verbi modali. Riteniamo che la scheda sia abbastanza chiara, ma, poiché anche questa è una forma che gli studenti d'italiano sbagliano spesso, Le suggeriamo di insistere quanto necessario.

12 Si passa al trapassato prossimo che non dovrebbe creare tanti problemi. Il dialogo proposto ha lo scopo di portare gli studenti alla comprensione del suo uso: se riescono a rispondere correttamente alle domande orali, significa che hanno cominciato a rendersene conto, anche inconsciamente. La scheda grammaticale cerca di spiegare, speriamo in modo semplice, le differenze tra il trapassato e gli altri tempi passati.

14-15 Quattro mini dialoghi in cui i protagonisti esprimono accordo o disaccordo sui giudizi espressi su alcuni film italiani. In seguito, un role-play di quelli che conosciamo bene, con la differenza forse che tutti e due i partecipanti devono parlare liberamente. Se vuole può ampliare l'attività chiedendo agli studenti di riassumere ciò che A e B hanno detto ed esprimere la loro opinione.

16 Ascolto (Veda più avanti, nel Libro degli esercizi)

Test finale: veda i suggerimenti dell'unità introduttiva

Conosciamo l'Italia

L'unico dei testi di civiltà del libro non diviso in piccole parti, nel senso che è accompagnato da un solo esercizio per la comprensione. Le suggeriamo, comunque, di non presentarlo tutto insieme poiché risulterebbe assai faticoso, vista la varietà di informazioni che contiene. Può, invece, presentarne i quattro mini capitoli durante l'unità, anche come intervallo tra gli esercizi grammaticali. In seguito, può assegnare il quiz di pagina 104 a casa, quando gli studenti avranno il tempo di cercare le informazioni richieste. In altri termini, presenti i testi più come un piacevole elemento di civiltà che come prova di comprensione in quanto quest'ultima richiede una lettura più dettagliata. Le risposte esatte al quiz sono: *1: '40, 2: Vittorio De Sica, 3: La dolce vita, 4: La Ciociara nel 1961, 5: L'oro di Napoli, La Ciociara, Ieri, oggi e domani, Matrimonio all'italiana, Il giardino dei Finzi Contini ecc., 6: Fellini, Visconti, Leone, Bertolucci, Salvatores, Tornatore ecc., 7: Clint Eastwood, Eli Wallash, Lee Van Cleef, Gian Maria Volontè, Charles Bronson, Henry Fonda, Robert de Niro ecc., 8: Hanno partecipato in film internazionali, 9: Hanno collaborato con De Sica, 10: Sono (De Sica non più poiché scomparso) sia attori che registi di successo (multipremiati); con la differenza che De Sica era regista anche di molti film in cui non recitava.*

LIBRO DEGLI ESERCIZI

1
1. Prima di cadere, Alberto **andava** spesso a sciare.
2. Anche d'estate Maria **dormiva** con le finestre chiuse.
3. Fin da piccoli loro non **mangiavano** pesce.
4. Lui **portava** gli occhiali da sole anche la sera.
5. Io e Carlo **studiavamo** insieme all'Università.
6. Alfredo **amava** molto la sua professione.
7. Al telefono **rispondeva** sempre la sua segretaria.
8. Io **speravo** di andare in vacanza a luglio.

2
1. Ieri sera, mentre **guardavo** la televisione, **pensavo** agli impegni del giorno dopo.
2. Valerio **raccontava** le sue avventure con tanto entusiasmo che tutti **ascoltavano** senza dire una parola.
3. Rudolf e Hans non **parlavano** bene, ma **rispondevano** a tutte le domande.
4. Noi non **sapevamo** che voi **cercavate** una casa.
5. Quando **stavano** in Italia, **mangiavano** quasi sempre al ristorante.
6. Mentre **aspettava** l'autobus, **cercava** i soldi nella borsetta.
7. Di solito quando **perdevi** la pazienza, **diventavi** un'altra persona.
8. Carla **doveva** andare al negozio ogni giorno perché il padre **stava** male.

3
1. Perché Maria non ha comprato il vestito?
   Perché **costava** molto.
2. Dove **abitavi** quando **stavi** a Roma?
   Quando stavo a Roma abitavo vicino Piazza Navona.
3. Cosa guardavate con tanto interesse?
   Guardavamo la nuova pubblicità della Benetton.
4. A cosa pensavi?
   Pensavo di andare in vacanza.
5. Quale treno **prendevano** per andare a lavorare?
   Prendevano tutte le mattine il treno delle sei.

65

Unità 7

Progetto Italiano 1 - Guida e chiavi

4 1. Ieri **faceva** tanto freddo, perciò non sono uscito.
2. I miei compagni all'Università **erano** quasi tutti del Sud.
3. Quando studiavo l'italiano spesso **traducevo** direttamente dalla mia lingua.
4. Alla fine di ogni partita i giornalisti **ponevano** tante domande agli atleti.
5. Solo adesso capisco che non **dicevi** sempre la verità.
6. Adesso non so, ma prima lei **beveva** molto.
7. Se ricordo bene, **eravate** contenti del risultato.
8. In quel periodo **facevo** il cameriere.

5 1. **a.** Quando ero in Italia bevevo molti caffè.
2. **c.** Mentre scrivevo pensavo ad altro.
3. **a.** Lui diceva cose che non pensava.
4. **b.** Anna faceva la modella.
5. **b.** Spesso traducevate dalla vostra lingua.

6 Ricordo che **era** una bella giornata estiva. Non **avevo** nessuna voglia di stare in città: **faceva** molto caldo e **pensavo** ai miei amici al mare che **facevano** il bagno o **prendevano** il sole. Questo non **era** un problema; la cosa che mi pesava di più **era** il pensiero della sera: loro che **andavano** in discoteca, **ballavano**, **bevevano** e io, invece, **dovevo** rimanere in città per colpa di uno stupido esame!!!

7 1. Certe volte mi **piaceva** andare a vedere le partite della nazionale.
2. Prima **preferivamo** passare i sabato e domenica in montagna a sciare.
3. Per forza; fino a due mesi fa **andava** ogni giorno in palestra.
4. Perché, come al solito, non **avevo** una scheda telefonica in borsa.
5. Per fortuna ho seguito un corso, altrimenti **stavo** ancora a fare l'impiegato.
6. Non è così; anch'io da giovane **facevo** spesso degli errori.
7. Certamente! Alle nove **eravamo** davanti alla pizzeria.
8. Eh, sì! Pensa che a 18 anni **era** nei paracadutisti.

8 1. Mentre Carlo **preparava** da mangiare, sua moglie **leggeva** il giornale.
2. Tutte le volte che Marco ed i suoi amici **vedevano** una bella ragazza, **perdevano** la testa!
3. **Guardavo** la televisione e **pensavo** al lavoro del giorno dopo.
4. **Ascoltavo**, ma non **riuscivo** a capire niente di quello che **dicevi**.
5. Alberto **entrava** e non **bussava** mai.
6. Mentre **preparavamo** la valigia, i bambini **giocavano** nel giardino.
7. Mentre **vedevamo** il film, **mangiavamo** popcorn.
8. Quando **era** nervoso, **fumava** come un pazzo.

9 1. **Ho studiato** l'italiano per tre anni.
2. **Sono rimasto** in Italia quattro settimane.
3. No, **abbiamo lavorato** solo a luglio.
4. Non **sono stato** né al cinema, né in discoteca; **sono stato** a teatro.

5. Sì, purtroppo, **ho fatto** questo lavoro fino alla pensione.
6. **Ho aspettato** Luisa dalle 11 alle 3.

10 Ieri **era** una giornata tremenda. Come al solito, **ho fatto** colazione al bar sotto casa, **sono andato** in garage a prendere la macchina, **ho fatto** alcuni metri e **sono rimasto** senza benzina! **Sono tornato** indietro a piedi e **ho preso** l'autobus, ma invece del 22, **ho preso** il 32. Per fortuna **ho capito** in tempo che avevo sbagliato e **sono sceso** alla prima fermata. **Ho aspettato** un'ora per un taxi, e alla fine **sono arrivato** in ufficio con un'ora di ritardo!

11 1. Quando **vivevano** a Napoli, **hanno conosciuto** molti americani.
2. L'incidente **è successo** mentre **tornavo** a casa.
3. Non **siamo venuti** con voi perché **avevamo** un appuntamento.
4. Che cosa **facevano** quando **siete entrati**?
5. Perché Antonella non **ha comprato** il vestito che **desiderava**?
6. Quando **stavamo** in Italia **abitavamo** al centro di Firenze.
7. Ieri sera non **siamo usciti** di casa perché **faceva** un freddo cane.
8. Ieri **sono rimasto** a casa tutto il giorno perché **stavo** male.

12 1. Perché hai pagato in contanti?
   Perché non **avevo** con me la carta di credito.
2. Avete inviato il telegramma alla famiglia Bianchi?
   Non abbiamo inviato il telegramma perché **abbiamo telefonato**.
3. Da quando non vedi Patrizia?
   Prima la **vedevo** quasi ogni giorno, adesso raramente.
4. Non ho capito con chi parlavi al telefono: un nuovo amore?
   Ma no, **parlavo** con quel ragazzo che ho conosciuto a Madrid.
5. A Capodanno ho telefonato per fare gli auguri, ma non rispondeva nessuno.
   Non **rispondeva** nessuno perché **eravamo** in crociera.
6. Quando eri giovane, viaggiavi spesso?
   Sì, quando **ero** giovane, **viaggiavo** abbastanza.

13 1. Mentre rispondevo al telefono, arrivava Giacomo. **è arrivato**
2. Quando abitavo con Remo, ho litigato ogni giorno. **litigavo**
3. Quando sono venuto, ho incontrato i tuoi genitori. **venivo**
4. Ieri rimanevo a casa tutto il giorno. **sono rimasto**
5. Mentre passeggiavamo, abbiamo incontrato alcuni amici.
6. Quando sono stato da Giulia, conoscevo mio marito. **stavo / ho conosciuto**
7. Lui leggeva il giornale e suo figlio ha visto i cartoni animati in tv. **vedeva**
8. Il treno è arrivato con un'ora di ritardo.

14 *Gino*: Ho saputo che hai avuto un incidente?
Aldo: Una cosa stupida: la mia macchina **era** dal meccanico e non **volevo** prendere quella di mio

Unità 7

padre; lui però **ha insistito** tanto e alla fine **ho accettato**. Mentre **andavo** a prendere Claudia, un gatto **ha attraversato** la strada; **ho cercato** di evitare la povera bestia e così **ho sbattuto** contro un albero. Adesso a casa **siamo rimasti** senza macchina.

Gino: E tutto questo per evitare un gatto.
Aldo: Ma **era** un gatto nero!!
Gino: Per favore, ancora credi a queste cose?!

15 1. **c**. Gianni aveva un fratello che ha vissuto 5 anni negli Stati Uniti.
2. **b**. Quando ho telefonato, Marta dormiva già.
3. **c**. Ieri non sono stato bene tutto il giorno.
4. **a**. Ho aspettato due ore e poi sono andato via.
5. **c**. Mentre aspettavo l'autobus, ho visto Gina che passava.

16 1. La sua famiglia **era** di Ferrara.
2. Ieri **ho portato** il mio cane dal veterinario.
3. Quando **hai telefonato**, io **ero** fuori.
4. Quando **stavo** in Italia, **bevevo** ogni mattina un espresso.
5. Durante il film **è andata via** la luce.
6. Non **ha detto** delle cose carine.
7. **Cercavo** di spiegare come fare.
8. **Hai trovato** veramente una bella scusa per non pagare!!

17 Erano le quattro passate e nostro figlio **tardava** a rientrare. **Era** la prima volta che **andava** fuori con i suoi amici e noi, anche se **sapevamo** che erano tutti dei bravi ragazzi, non **riuscivamo** a chiudere occhio. **Guardavamo** per interminabili ore degli stupidi programmi televisivi. Più volte **abbiamo pensato** di andare davanti alla discoteca, ma alla fine **abbiamo preferito** rimanere a casa. **Pensavamo** ai pericoli, **vedevamo** nostro figlio con una siringa in un braccio, o che **prendeva** una di quelle maledette pillole. Verso le quattro **abbiamo sentito** il rumore del motorino, **ha bussato** ed **è entrato**; che sollievo!!

18 *Piero*: Hai saputo che Marcello ha finito la specializzazione?
Mauro: Certo, da come **studiava**, non **poteva** essere altrimenti.
Piero: Nella sua famiglia come **hanno appreso** la notizia?
Mauro: All'inizio lui non **voleva** far sapere niente, **desiderava** festeggiare con gli amici e poi con la sua famiglia.
Piero: Immagino la felicità dei suoi.
Mauro: **Toccavano** il cielo con un dito, non **potevano** credere che il loro unico figlio **era** ormai un dottore! Pensa che suo padre **ha annullato** un viaggio in Brasile per essere presente alla cerimonia; non solo, ma dopo la telefonata **è andato** in un'agenzia immobiliare e **ha comprato** quell'appartamento che **piaceva** tanto a Marcello come studio.

19 1. Noi **dovevamo** essere alla stazione alle cinque e alla fine **siamo arrivati** alle cinque e mezzo.

2. Tu non **dovevi** uscire con lui; **potevi** uscire con Alberto.
3. Antonella **è potuta** venire con noi solo perché Angela ha rinunciato all'ultimo momento.
4. Io **potevo** restare un po' di più in Italia, ma **ho preferito** andare in Francia.
5. Io **ho dovuto** mangiare tutto anche se non **mi piaceva** niente.
6. Voi **volevate** visitare il Duomo e alla fine **avete fatto** solo delle compere.
7. **Siamo dovuti** restare, anche se **avevamo** da fare.
8. Mio figlio **voleva** una macchina sportiva, io **volevo** una macchina comoda, alla fine **abbiamo comprato** una Fiat Punto.

20
1. **Dovevo** prendere i soldi dalla banca, ma non **avevo** la carta con me.
2. **Abbiamo potuto** cercare casa con calma perché **avevamo** tempo.
3. **Dovevo** rimanere in vacanza fino a sabato, invece **sono dovuto** tornare venerdì.
4. Anche Anna **voleva** essere presente, ma **era** fuori città e non è venuta.
5. Noi **potevamo** passare da voi solo molto presto.
6. Noi **volevamo** comprare delle rose; alla fine **abbiamo comprato** dei garofani.
7. Gianni **era** arrabbiato perché non **ha potuto** (aveva potuto) consegnare la relazione prima.
8. **Voleva** andare al concerto insieme alle sue amiche, ma alla fine non **ci è riuscita** perché **doveva** studiare.

21
1. Perché **avevo promesso** ai miei di passare da loro.
2. No, perché non **avevo messo** la sveglia.
3. Sì, perché prima **avevo telefonato** a un'agenzia.
4. Sì, **era finito** sotto il divano.
5. Per un periodo **avevo smesso**; ora ho ripreso.
6. Non è vero, **avevo comprato** un poster che ho dato poi ad un mio amico.
7. **Avevo messo** il tuo giornale insieme alle riviste.
8. Quando noi siamo arrivati, lui **era andato** già via.

22 Ieri ho dormito fino a tardi, perché la sera prima **ero tornato** dalle vacanze. Il viaggio di ritorno **era stato** molto faticoso, e così, anche se **avevo promesso** a Carlo di telefonare appena rientrato, sono andato a letto. Il giorno dopo ho fatto colazione a casa e poi sono andato da Carlo, ma **era uscito**. Sono passato dal bar dove di solito vediamo le partite e Carlo **aveva detto** al barista che **era stato** invitato a pranzo dalla sua ragazza. Una bella sorpresa: Carlo finalmente **aveva deciso** di conoscere i genitori di Marina. Io non **sapevo** cosa fare: sono ritornato a casa e ho finito un libro che **avevo iniziato** a leggere prima di partire.

23
1. Quella storia **è andata** a finire come **prevedevo** io.
2. Noi **eravamo** stanchi perché **avevamo giocato** a calcio molte ore.
3. Ieri alla televisione **ho rivisto** con piacere un film che **avevo visto** tanti anni prima.
4. **Avevo** quasi **finito** di lavorare quando **è arrivato** un altro cliente.
5. Angelo **aveva promesso** di prestare a Gino la sua moto, ma alla fine **ha inventato** una scusa.
6. Quando è **tornata** dal suo viaggio in Africa, **ha raccontato** tutto quello che **aveva visto**.
7. **Avevo dimenticato** di chiudere bene la finestra e **sono ritornato** indietro.

Unità 7

Progetto Italiano 1 - Guida e chiavi

8. Finalmente **ho ricevuto** il libro che **avevo ordinato** on line.

24 1. Quando **siamo entrati**, il film **era cominciato** già.
2. Marta **desiderava** tanto uscire con noi, ma non **avevamo comprato** un biglietto anche per lei.
3. Finalmente **è arrivata** la risposta che **aspettavate** da tempo.
4. **Ero andata** a ritirare il vestito alla lavanderia, ma **era** chiusa.
5. **Avevamo cercato** di avvisare i clienti, ma non **abbiamo fatto** in tempo.
6. A casa di Paola non **ho toccato** niente perché **avevo mangiato** prima a casa mia.
7. Giacomo non **era** a casa quando **ho telefonato**.
8. Solo davanti casa **ho capito** che **avevo perso** le chiavi.

25 *Olga*: Hai litigato **di** nuovo **con** la tua ragazza?
Max: Questa volta non **per** colpa mia.
Olga: E allora?
Max: Avevo un appuntamento **con** Gina **alle** sette **alla** fermata sotto casa sua.
Olga: E sono sicuro che, come quasi tutte le donne, è arrivata **con** mezz'ora **di** ritardo.
Max: Questo è naturale **per** lei. Ormai stiamo insieme **da** molti anni e sono abituato **a** questi suoi ritardi.
Olga: Ma se sei abituato **a** questi ritardi, come dici, non potevi andare **all'**appuntamento **alle** sette e un quarto?
Max: Certo! Così, se **per** caso arrivava prima **di** me, sentivi che storie!!

26 Siamo arrivati **in** città che pioveva; **in** giro non c'era un'anima. Non avevo l'indirizzo **dell'**albergo; avevo lasciato l'agenda **sulla** scrivania **del** mio ufficio. Mentre cercavo **tra** le mie carte, alzo la testa e vedo proprio davanti **a** noi un'insegna "Albergo Venezia": era il nostro! Siamo stati veramente fortunati. Abbiamo preso le valigie **dalla** macchina e siamo entrati. Mentre un impiegato controllava i nostri documenti, io non vedevo l'ora **di** fare una bella doccia calda e andare subito **a** dormire.

27 Ascolto

A pagina 88 del Libro degli esercizi. Nel dialogo registrato una giovane coppia cerca di decidere quale film andare a vedere. Le risposte esatte sono: *1b, 2c, 3b, 4a.*

Ecco il dialogo:
Carla: Andremo al cinema stasera, sì o no?
Dino: Certo che andremo; non ho deciso però quale film andare a vedere. Tu hai qualche idea?
Carla: Non so;... ma tu non avevi detto che volevi vedere l'ultimo film di Verdone?
Dino: Sì, ma secondo Mario non ne vale la pena.
Carla: Cioè?
Dino: Eh... dice che ci sono dei momenti che ti fanno ridere ma è poco originale; nel senso che è una commedia come tante.
Carla: Allora, troviamo qualcos'altro. Hai un giornale?
Dino: No, ma posso cercare su internet. Un attimo che mi collego. ...Allora...; Video on line..., ci-

Progetto Italiano 1 - Guida e chiavi

Unità 7

	nema... Ecco: i film della settimana in tutte le grandi città,... vedi?
Carla:	Incredibile! Sembra molto semplice; ...allora?
Dino:	Allora ecco: è già uscito il nuovo film di Tom Cruise.
Carla:	No, purtroppo a me Tom Cruise non piace. Andiamo avanti.
Dino:	Va be'; c'è un'avventura con Silvester Stallone.
Carla:	Ma no, basta con le avventure; quest'anno non vediamo altro che film d'avventura!
Dino:	Hai ragione. Poi... danno un film di Dino Risi, con Maria Grazia Cucinotta, che a me piace molto, lo sai.
Carla:	Che film è? Vediamo.
Dino:	Qua ci sono anche le critiche: "...un film di forti sentimenti, tipico di Risi", ..."bravissima la Cucinotta in un ruolo di quelli che portano al Leone d'Oro "
Carla:	A me sembra interessante; andiamo?
Dino:	Ok.; speriamo solo che non sarà troppo pesante. Almeno c'è la Cucinotta!

TEST FINALE

A
1. **a**. Ieri ho aspettato inutilmente una tua telefonata per tutta la giornata.
2. **b**. Faceva la spesa ogni fine settimana allo stesso supermercato.
3. **c**. Abbiamo spento la luce e siamo andati a dormire.
4. **b**. L'ultima volta che ho avuto l'occasione di parlare con Anna, è stato tre anni fa.
5. **c**. Non riesco a seguire quello che dicevano.
6. **c**. Sono arrivati, mentre tutti andavano via.
7. **c**. Carla è andata dalla parrucchiera ed ha tagliato i capelli.
8. **a**. Da quando è partito, non ha dato nessuna notizia.

B
1. Da ragazzo **abitavo** a Bologna e ricordo che spesso **andavo** al mercatino di Borgo Panigale.
2. Ieri sera a quest'ora **aspettavo** Roberta; dopo due ore, siccome non **era arrivata,** ho telefonato a sua madre.
3. Ricordo che in quel periodo i ragazzi **stavano** molto male: **avevano** quasi ogni giorno mal di stomaco e la febbre.
4. Mentre Alberto **preparava** la colazione, sua moglie **svegliava** i bambini.
5. Da studente non **era** molto bravo nelle lingue straniere.
6. Ogni estate al mare **passavo** così le mie giornate: **nuotavo** per alcune ore, **prendevo** il sole e la sera **andavo** a ballare in discoteca.
7. Alla mia festa Maria **portava** un bellissimo vestito da sera.
8. Ricordo che la casa di Cinzia **aveva** una bella terrazza.

C
1. Quando Carlo **abitava** negli Stati Uniti **poteva** imparare bene l'inglese.
2. Rita non **era** a casa; **era andata** dalla sarta a ritirare una gonna che **aveva fatto** accorciare.
3. Voi non avete saputo rispondere perché non **avete seguito** quello che il professore **aveva detto**.
4. Tu **avevi capito** prima di tuo fratello come **stavano** le cose e per questo hai smesso di giocare!
5. Quando Lucio Dalla **cantava** *Caruso,* tutti noi **cantavamo** insieme a lui.

Unità 7

Progetto Italiano 1 - Guida e chiavi

6. Quando Franco **veniva** a Roma, **poteva** dormire a casa mia.
7. Era una cosa molto difficile discutere con Rosaria: **voleva** avere sempre ragione!
8. Federico non **poteva** scendere al paese perché in quei giorni **era caduta** molta neve.

D Cruciverba

1. Regia
2. Parere
3. Incasso
4. Schermo
5. Fantascienza
6. Interpretazione
7. Psicologo
8. Originale
9. Timido
10. Trama

Progetto Italiano 1 - Guida e chiavi ....**Unità 8**

I pronomi diretti e la spesa riassumono più o meno il contenuto di questa unità, completata da utili elementi comunicativi (esprimere gioia, rammarico, disappunto, offrire collaborazione - aiuto ecc.). Alla fine dell'unità, oltre agli elementi grammaticali, gli studenti sapranno parecchie cose anche sui prodotti italiani.

LIBRO DEI TESTI

1 Lavori come suggerito nelle unità precedenti. Prima di ascoltare il brano potrebbe riscaldare la classe facendo una breve discussione su marche e tipi di caffè, biscotti, formaggi preferiti, ecc.. Le risposte giuste sono: *1v, 2f, 3v, 4f*.

3 A questo punto non dovrebbe insistere sul pronome *ne*, visto che ce ne occuperemo più avanti; per il momento lavori sul testo e non tanto sulla grammatica. Potrebbe, invece, ripetere i pronomi diretti ogni volta che gli studenti non li usano nelle loro risposte.

4 Questo testo è la continuità logica di quello introduttivo ed ha lo scopo di portare gli studenti alla scoperta della grammatica. Si può lavorare individualmente oppure in coppie. L'ordine esatto dei pronomi è: *mi, lo, lo, li, li, li, le, le, le, lo.*

6 Consultando gli esempi di sopra gli studenti sono chiamati a formare frasi complete usando i pronomi diretti.

7 Uno degli usi più comuni e utili del pronome *lo*, il verbo *sapere*. Si potrebbe fare un'intera attività orale in cui gli studenti risponderebbero alle Sue domande ("lo sai che...", "lo sapevi che..." ecc.). Potrebbe far parlare gli studenti fra di loro facendo inventare delle domande e delle risposte, magari su elementi di cultura incontrati fino a questa unità. Per esempio: "- Sai che il caffè espresso è tipico italiano? - Sì, lo so", ecc..

8-10 Un "intervallo comunicativo" con due funzioni, relative tra loro. Potrebbe assegnare ai Suoi alunni l'esercizio 10 lasciando loro un po' di tempo per leggere con attenzione gli esempi di pagina 108. Dopo può spiegare eventuali parole sconosciute. In ogni caso farebbe bene a ripetere loro ogni tanto l'obiettivo di ogni attività: in questo modo li porta a prendere coscienza di ciò che fanno e perché lo fanno e guidarli così ad una autonomia linguistica.

11 Utilizzando le forme appena presentate gli studenti devono esprimere le loro reazioni relative alle notizie date o ad altre che potrebbe proporre Lei. Più persone parlano e più volte verranno ripetute e pronunciate queste esclamazioni.

12-13 Si riprende la grammatica con la presentazione più dettagliata del pronome *ne*, incontrato anche nel dialogo introduttivo. Lo si fa attraverso un breve dialogo relativo all'argomento ed il vocabolario trattati in questa unità. In seguito, osservando la scheda grammaticale, gli studenti devono rispondere alle domande parlando di quantità e usando il pronome *ne*. Le consigliamo di sottolineare la nota della scheda grammaticale

Unità 8

Progetto Italiano 1 - Guida e chiavi

(*le conosco tutte*).

14-15 Passiamo ad una delle particolarità dei pronomi diretti; la loro concordanza col participio passato nei tempi composti. Leggendo attentamente il testo e rispondendo alle domande che seguono, gli studenti cominceranno a capire le nuove forme. Dopo le Sue spiegazioni e osservando la scheda grammaticale di pagina 111 dovranno applicare quanto è stato presentato. Dia particolare attenzione all'uso del partitivo *ne*.

16 Un altro caso particolare, i verbi *sapere* e *conoscere*. Gli studenti dovrebbero anzitutto capire la differenza tra presente (*so, conosco*) e passato prossimo (*ho saputo, ho conosciuto*) e poi tra p. prossimo e imperfetto. Può lavorare come suggerito al n. 14.

17 Un altro intervallo comunicativo tra i tanti microfenomeni grammaticali di questa unità. Gli studenti potrebbero leggere ad alta voce i mini dialoghi cercando di recitarli il meglio possibile. Il gioco delle interpretazioni può andare avanti con il role-play. Lavori come suggerito al punto 8 della seconda unità di questa guida facendo parlare quante più persone possibile. I limiti di tempo che porrà dovranno essere rispettati.

19-20 L'uso dei pronomi di ogni tipo nei tempi composti crea spesso dei problemi agli studenti d'italiano. Perciò, la scheda grammaticale che segue è particolarmente analitica. Il testo viene presentato come attività di comprensione (come la maggior parte dei testi del libro) e le risposte alle domande sono: *1b, 2c, 3a, 4b*. Sarebbe consigliabile (far) leggere ad alta voce gli esempi di pagina 114; sarà forse più facile per gli studenti memorizzare le forme giuste ascoltandole. Se gli studenti incontrassero ancora tanta difficoltà, potrebbe far fare loro esercizi alla lavagna e insieme cercare di venirne a capo. Non deve essere un'interrogazione. L'uso della lavagna deve essere un mezzo per capire insieme alcune cose.

21 Contenitori: Assai relativa agli argomenti dell'unità, quest'attività presenta alcune parole nuove. Proponiamo di dare agli studenti un po' di tempo per provare ad abbinare le due colonne senza aiuto. Alla fine può dare le spiegazioni necessarie. Le coppie di parole giuste sono: *lattina - Coca cola, barattolo - caffè, busta - latte, scatola - pomodori, bottiglia - spumante, pacchetto - spaghetti, vasetto - sugo, tubetto - dentifricio*. Farebbe bene a ripetere la preposizione *di* se non viene pronunciata dagli studenti ("un tubetto di dentifricio" ecc.).

22 Vale quanto detto prima. Le combinazioni esatte sono: *1l, 2f, 3i, 4h, 5g, 6e, 7c, 8d, 9a, 10b.*

23 Ascolto Veda più avanti, nel Libro degli esercizi.

24-25 Un altro dialogo sulla spesa che presenta la forma *ce l'ho*, tanto usata soprattutto nell'italiano parlato. L'ordine esatto delle affermazioni è: *1b, 2c, 3f, 4e, 5a, 6d*. Nella scheda che segue, invece, vengono presentate anche le forme *ce n'è, ce ne sono*, molto spesso omesse dai nostri alunni. Inoltre, qua hanno la possibilità di rivedere la differenza tra i pronomi diretti e il partitivo *ne*.

Progetto Italiano 1 - Guida e chiavi
....**Unità 8**

26-27 Due attività per la produzione orale e scritta che si trovano alla fine di ogni unità. Nella prima lavori come suggerito in precedenza facendo lavorare più coppie se il tempo a disposizione lo permette. La composizione, infine, potrebbe essere anche più lunga. Si tratta di un ripasso sia del vocabolario visto finora sia degli elementi necessari per raccontare. Per quanto riguarda l'attività 26, può anche tentare di far simulare il role-play, di farlo cioè recitare facendo alzare gli studenti e facendo costruire in modo fantastico il negozio, il negoziante e i clienti. Può in questo modo cercare di lavorare anche sulla comunicazione non verbale.

Test finale: veda i suggerimenti dell'unità introduttiva

Conosciamo l'Italia
Fare la spesa: Un breve testo sugli usi degli italiani; da segnalare la particolarità dei mercati all'aperto, parte integrante del modo di vivere italiano.
Prodotti italiani: Qua lo scopo è presentare i testi che si trovano sulle confezioni di alcuni prodotti italiani ed alcune parole - chiave (*da consumarsi entro, cautela, compresse* ecc.). Lavori come suggerito al n. 21. La combinazione giusta è: *1. dentifricio, 2. crema idratante, 3. shampoo, 4. marmellata, 5. medicinale, 6. gel dopo barba, 7. detersivo, 8. fette biscottate*. Da qui può fare una lezione interculturale facendo delle comparazioni fra gli italiani e gli usi del Paese natale degli studenti.

LIBRO DEGLI ESERCIZI

1
1. Sì, **lo** conosco.
2. Sì, **li** conosco.
3. Sì, **li** conosco.
4. Sì, **le** conosco.
5. Sì, **lo** vedrò.
6. Sì, **lo** vedrò.
7. No, non **la** vedrò.
8. No, non **li** vedrò.

2
1. Sì, adesso **ti** sento bene.
2. Sì, adesso **La** sento.
3. Sì, adesso **vi** sento.
4. Sì, adesso **vi** sentiamo.
5. No, non **li** cercavo.
6. No, non **ti** cercavo.
7. Sì, **ti** cercavamo.
8. Sì, **ti** cercavo.

3
1. Professore, **La** salutiamo; la Sua conferenza è stata magnifica.
2. Signor Pietro, se non conosce la strada, **L'**accompagno io.
3. Signorina, **La** ringrazio dell'ospitalità e arriveder**La**.
4. Ingegnere, c'è Sua moglie che **L'**aspetta giù in macchina.
5. Avvocato, Suo figlio **La** desidera al telefono.
6. Signorina, quando avrà finito con la corrispondenza, **La** prego di passare dal mio ufficio.
7. Signora D'Amato, **La** invidio per la Sua pazienza.
8. Dottore, **La** stimo tanto per tutto quello che ha fatto.
9. Professoressa, **La** invitiamo alla festa di laurea.
10. Gentilissimo direttore, **La** vedo sempre con molto piacere!

Unità 8

Progetto Italiano 1 - Guida e chiavi

4
1. Non vedo Carlo da tanto, non so se **lo** vedrò per il fine settimana.
2. Lo zucchero e il caffè sono finiti. Chi **li** va a comprare?
3. Iole è senza macchina. Chi **l'**accompagna?
4. Ragazzi, cerco casa. Chi **mi** aiuterà?
5. Questo corso è molto interessante, ma non **lo** frequenta quasi nessuno.
6. Che sorpresa, un computer tutto mio! Erano mesi che **lo** chiedevo ai miei.
7. Se tu sei d'accordo, **ti** aspetto davanti al teatro Massimo.
8. Hai ragione, non leggo tanto, ma questo libro **lo** leggerò sicuramente.
9. Non posso fare tutto da sola. C'è qualcuno che **mi** aiuta?
10. Professore, vado proprio dalle Sue parti; se vuole, **L'**accompagno io.

5
1. Bella quella camicetta. Adesso entro nel negozio e **la** compro.
2. Signora, nessun problema: **La** faccio accompagnare da mio figlio.
3. Ragazzi, **vi** aspettiamo per l'ora di cena.
4. Non posso rimanere altro, **mi** aspettano a casa.
5. Belli questi fiori; **li** pianterò nel mio giardino.
6. Signorina, **La** ricordo con tanta simpatia.
7. Bello quell'orologio; **lo** regalerò a mia moglie per il suo compleanno.
8. Lucio e Anna sono un po' arrabbiati con noi perché non **li** invitiamo alle nostre feste.
9. Dottore, se non **La** disturbo, posso chiamare a casa Sua?
10. Signori, ho l'impressione che non **mi** seguite.

6
1. Sì, lo sappiamo. / No, non lo sappiamo.
2. Sì, lo sapevo. / No, non lo sapevo.
3. Sì, lo so. / No, non lo so.
4. Lo sapremo fra due ore. / Non lo sapremo mai.
5. Sì, lo sapevamo. / No, non lo sapevamo.
6. Lo sapremo appena andremo in banca. / Non lo sapremo se prima non telefoniamo.
7. Li saprà fra una settimana. / Non li saprà prima della fine del mese.
8. Sì, lo so. / No, non lo so.

7
1. Ne conosco una.
   Ne conosco poche.
   Non ne conosco nessuna.
2. Ne visito quindici.
   Ne visito tanti.
   Non ne visito nessuno.
3. Ne mangio due fette a pranzo.
   Ne mangio tanto.
   Non ne mangio affatto.
4. Ne darò quattro.
   Ne darò alcuni.
   Non ne darò nessuno.
5. Ne bevo una bottiglia.
   Ne bevo tanta.
   Non ne bevo affatto.
6. Ne ho sei o sette.
   Ne ho poche.
   Non ne ho nessuna.

8
1. Sì, **lo berrò** tutto.
6. Sì, **li** conosco quasi tutti.

No, **ne berrò** solo due bicchieri.
2. Sì, **li cambieremo** tutti.
No, **ne cambieremo** solo alcuni.
3. Sì, **le prendo** tutte.
No, non **ne prendo** nessuna.
4. Sì, **li ho letti** tutti.
No, **ne ho letti** la maggior parte.
5. Sì, **le inviteremo** tutte.
No, non **ne inviteremo** nessuna.

No, non **ne conosco** nessuno.
7. Sì, **la useremo** tutta.
No, **ne useremo** solo un etto.
8. Sì, **li porterò** tutti.
No, **ne porterò** solo alcuni.
9. Sì, **le proverò** tutte.
No, **ne proverò** solo sei o sette!!
10. Sì, **la mangio** tutta.
No, **ne mangio** solo un piatto.

9
1. Un vasetto.
2. Una bottiglia di quello rosso secco.
3. Due pacchetti.
4. Un sacchetto da cinque chili.
5. Un mazzo.
6. Quattro pacchi da mezzo chilo, di quella fresca.
7. Sei in lattina.
8. Due litri, parzialmente scremato.

10
1. **Li ho comprati** ad una vendita promozionale.
2. Sì, **l'abbiamo messa** in ordine.
3. **L'ho comprata** in un negozio vicino a casa mia.
4. **L'ho comprato** alla *Standa*.
5. Non lo so, **le ha comprate** mia madre.
6. Sì, **li abbiamo messi** in ordine.
7. Sì, **lo abbiamo messo** in ordine.
8. Sì, **l'hanno ricevuta**.
9. Sì, **le abbiamo messe** in ordine.
10. Sì, **l'hanno ricevuto**.

11
1. **Ne ho bevuti** solo tre.
2. No, **ne sono rimasti** due o tre pezzi per i bambini.
3. **Ne sono venuti** una trentina circa.
4. No, **ne hanno chiusa** solo una.
5. Sì, purtroppo **li abbiamo spesi** tutti.
6. **Ne ho comprate** tante perché aspetto gente a cena.
7. No, **ne ho comprata** una anche al mio papà.
8. Impossibile! **Ne abbiamo visitate** solo sei o sette, le più importanti.
9. **Ne ho scritte** tante, perché era da un pezzo che non scrivevo a nessuno.
10. Sì, **ne ho incontrati** parecchi.

12
1. Non ho salutato Carmen perché non l'ho vista.
2. Abbiamo cercato i tuoi occhiali, ma non li abbiamo trovati.
3. Non ho con me la carta di identità; l'ho dimenticata a casa.
4. Ho scritto le lettere, ma non le ho spedite.
5. Abbiamo chiuso le finestre, ma il vento le ha aperte.
6. Ho comprato l'ultimo disco di Zucchero e l'ho dimenticato a casa di Lidia.

Unità 8

7. Ho semplicemente lavato i capelli, ma non li ho tagliati.
8. Ho conosciuto i nuovi vicini di casa e li ho invitati a bere un caffè.
9. È stata una serata noiosa; l'ho passata a vedere la televisione.
10. Ho preparato la carbonara, ma non l'ho mangiata perché sto a dieta.

13
1. Di situazioni **ne ho vissute tante**, ma questa è unica.
2. Di case **ne abbiamo viste tante**, ma erano tutte molto care.
3. Di macchine **ne ho provate tante**, ma la Ferrari è tutta un'altra cosa.
4. Di caffè **ne ho assaggiati diversi**, ma l'espresso è il più aromatico.
5. Di canzoni **ne ho sentite tante** ultimamente, ma quella di Mango è favolosa.
6. Di scarpe **ne ho possedute tante**, ma le Valleverdi sono veramente comode.
7. Di tipi di spaghetti **ne abbiamo mangiati diversi**, ma quelli della Barilla sono veramente buoni.
8. Di mal di testa **ne ho avuti spesso**, ma questo è insopportabile.
9. Di libri **ne ho letti tanti** quest'anno, ma l'ultimo di Umberto Eco è il migliore.
10. Di ore di lezione **ne abbiamo fatte tante**, ma non parliamo ancora bene!

14
1. **Lo abbiamo saputo** tramite sua madre.
2. **Li ho conosciuti** in vacanza in Puglia.
3. **L'ho conosciuta** tre o quattro anni fa.
4. No, non **l'ho saputo**.
5. Sì, **l'ho conosciuto** a casa di Emanuele.
6. Certo **che lo abbiamo saputo!**

15
1. Sì, vogliamo visitarla. / Sì, la vogliamo visitare.
2. Sì, voglio ascoltarla. / Sì, la voglio ascoltare.
3. Sì, vogliamo vederle. / Sì, le vogliamo vedere.
4. Sì, possiamo chiuderle. / Sì, le possiamo chiudere.
5. Sì, dobbiamo restituirli entro domani. / Sì, li dobbiamo restituire entro domani.
6. Sì, dobbiamo finirli. / Sì, li dobbiamo finire.
7. Sì, possiamo cambiarla. / Sì, la possiamo cambiare.
8. Sì, possiamo abbassarlo. / Sì, lo possiamo abbassare.

16
1. Sì, **ti** possiamo passare a prendere.
   No, non possiamo passar**ti** a prendere.
2. Sì, **ci** potete telefonare, saremo a casa.
   No, non potete telefonar**ci**, saremo fuori.
3. Sì, **ti** possiamo ospitare.
   No, non possiamo ospitar**ti**.
4. Sì, **mi** devi raccontare proprio tutto.
   No, non devi raccontar**mi** tutto, solo l'inizio.
5. Sì, **mi** puoi trovare al bar dopo le dieci.
   No, non puoi trovar**mi**, a quell'ora sarò a casa.
6. Sì, non **vi** possiamo sopportare per niente!

Unità 8

No, non possiamo sopportar**vi** solo quando fate le difficili.
7. Sì, **ti** possiamo capire.
   No, non possiamo capir**ti** ancora.
8. Sì, **vi** possiamo invitare.
   No, non possiamo invitar**vi**, saremo solo noi ed i nostri genitori.

17 1. Ho bisogno di qualche maglione, **ne** devo comprare assolutamente uno prima della fine degli sconti.
   Ho bisogno di qualche maglione, devo comprar**ne** assolutamente uno prima della fine degli sconti.
2. Mi dispiace, il vestito che piace a Lei non c'è, **ne** vuole vedere un altro?
   Mi dispiace, il vestito che piace a Lei non c'è, vuole veder**ne** un altro?
3. Non ho bisogno del tuo aiuto, **ne** posso fare a meno.
   Non ho bisogno del tuo aiuto, posso far**ne** a meno.
4. Sono stato pochi giorni a Perugia e **ne** ho potuto ammirare le bellezze.
   Sono stato pochi giorni a Perugia e ho potuto ammirar**ne** le bellezze.
5. Siamo rimasti senza latte, **ne** dobbiamo prendere almeno un litro per fare colazione domani.
   Siamo rimasti senza latte, dobbiamo prender**ne** almeno un litro per fare colazione domani.
6. La vostra offerta è veramente interessante, ma **ne** voglio discutere con mia moglie.
   La vostra offerta è veramente interessante, ma voglio discuter**ne** con mia moglie.
7. Se hai bisogno di un prestito, forse, **ne** puoi chiedere uno al *Banco Ambrosiano Veneto*.
   Se hai bisogno di un prestito, forse, puoi chieder**ne** uno al *Banco Ambrosiano Veneto*.
8. Buono questo vino! **Ne** vuoi assaggiare un bicchiere?
   Buono questo vino! Vuoi assaggiar**ne** un bicchiere?

18
                                                                    Pisa, 4 marzo

Cara Iole,

sono tanto contento di aver ricevuto finalmente tue notizie; **le** aspettavo da tanto. Puoi stare tranquilla che ho messo da parte i tuoi mobili e appena troverò un'agenzia di trasporti, **li** spedirò all'indirizzo segnato nella lettera. Vuoi sapere se ho incontrato difficoltà nel mio lavoro: certo che **ne** ho incontrate, ma **le** ho superate quasi tutte. Di Gianni non **ne** so quasi niente: da quando ha preso la laurea **ne** ho perso le tracce. Ho saputo da Eugenio che hai comprato una Fiat Punto GT gialla e **ne** sei rimasta entusiasta. Brava! Molto probabilmente **ne** comprerò una anch'io, ma rossa. **La** prenderò alla fine del mese.
Al momento non ho altro da dirti, spero di ricevere tue notizie al più presto, **ti** abbraccio e **ti** bacio.
                                                                    Alfredo

19 1. No, non **ce l'abbiamo**.   6. No, non **ce li ho**.
2. Sì, **ce l'ho**.   7. Sì, **ce le ho**.
3. Sì, **ce li abbiamo**.   8. No, non **ce l'ho**.
4. No, non **ce l'ho**.   9. Sì, **ce li ho**.
5. Sì, **ce l'ho**.   10. **Ce le abbiamo** noi.

20 1. Sì, **ce n'è** uno proprio all'angolo del nostro palazzo.

Unità 8

Progetto Italiano 1 - Guida e chiavi

2. Non **ce n'è** uno, ma **ce ne sono** due.
3. Sì, **ce n'è** quasi un chilo.
4. **Ce n'è** una a Palazzo Grassi.
5. Sì, **ce ne sono** tre o quattro, ma **ce n'è** una bellissima!
6. **Ce n'è** uno vicino alla stazione.
7. **Ce ne sono** tante, ma la pizzeria *Bella Napoli* è la migliore.
8. Sì, **ce n'è** una in Piazza Bellini.
9. Sì, **ce ne sono** alcuni, ma la sera tardi.
10. **Ce n'è** uno che parte dal binario due fra dieci minuti.

21
1. **In** questa città non succede mai niente **di** speciale.
2. Non puoi immaginare quanto sono felice **di** vedere te e la tua famiglia!
3. Ci vediamo questa sera **da** Marco!
4. Non lo vediamo **da** almeno tre settimane, l'ultima volta l'abbiamo incontrato **per** caso.
5. Puoi essere per le cinque davanti **al** negozio **di** mio marito?
6. Mi piace tanto il profumo **dei** fiori e specialmente quello **delle** rose.
7. Non vado in giro **con** persone che non conosco **da** molto tempo!
8. Le istruzioni sono **nel** cassetto **della** mia scrivania.
9. Sono tanto felice **di** ospitare Lei e la Sua signora.
10. Ieri **in** televisione ho seguito un dibattito **sui** giovani e il lavoro.

22 Un tempo la gente andava **al** cinema anche **per** fumare **in** pace. Oggi non è più possibile. E nemmeno **in** certi ristoranti. Alcuni anni fa facevamo la corte **ad** una ragazza **con la** sigaretta **tra** dita, per essere considerati grandi. Oggi c'è il pericolo **di** essere considerati sporchi e incivili. Humphrey Bogart era "la faccia" **del** cinema che fumava **di** più. Nel film *Casablanca* tutti fumavano, tutti **ad** eccezione **delle** donne. Solo **nel** sessantotto le ragazze hanno imparato **a** fumare **per** strada; una volta era segno **di** maleducazione.

23 Ascolto

A pagina 101 del Libro degli esercizi. Faccia ascoltare il brano due volte per ognuno dei due esercizi. Le risposte giuste sono:
a. <u>latte, formaggio spalmabile, brioche, caffè, funghi, olio, detersivo, crema idratante, dentifricio.</u>
b. (risposte scritte o orali): <u>1. Non le piace, a parte quello alla frutta ogni tanto, 2. Scelgono Barilla anche se è più caro perché vogliono vivere nel lusso (scherzando), 3. Comprano caffè Lavazza perché è in offerta speciale, 4. Perché si lamenta di dover portare la confezione di detersivo da cinque chili, 5. Grazia compra una crema idratante e il gel per i capelli; Guido uno shampoo e un dentifricio.</u>

Ecco il dialogo:
Guido: Quante buste di latte prendiamo?
Grazia: ...Non lo so; vedi un po', quando scadono?
Guido: Il 21. Dopodomani, cioè.
Grazia: Allora ne prendiamo una. Possiamo sempre comprare il latte dal bar sotto casa.

Progetto Italiano 1 - Guida e chiavi .... **Unità 8**

Guido: La mozzarella?
Grazia: No, ne abbiamo due buste. Prendiamo però questo formaggio spalmabile. Lo voglio provare.
Guido: Come vuoi. Io, invece, sono fedele ai miei *Kinder brioche* allo yogurt. Li devi provare qualche volta.
Grazia: Scusa, ma a me lo yogurt non piace. Solo quello alla frutta ogni tanto. Poi, caffè ne vogliamo?
Guido: Certo; eh, guarda! *Lavazza* è in offerta speciale. Che ne dici?
Grazia: Lo prendiamo, a me piace lo stesso.
Guido: Cos'altro...: peperoncini... ne abbiamo... Funghi ne abbiamo?
Grazia: No, sono finiti; prendine due vasetti... E sugo; non abbiamo sugo di pomodoro.
Guido: Cosa preferisci? Barilla o Star?
Grazia: Vediamo un po' il prezzo: *Barilla* 3.860, *Star* 3.500. Dai, prendiamo *Barilla*. Mi piace vivere nel lusso.
Guido: Vino?
Grazia: No, abbiamo ancora quello che hanno portato i ragazzi... L'olio, piuttosto, è finito. Una bottiglia basta.
Guido: Ok. ...Andiamo un po' al reparto dei detersivi.
Grazia: ...Ecco, polvere per la lavatrice: confezione da cinque chili in offerta; la prendiamo.
Guido: Sì, però tu la compri, ma sono io che la porto a casa!
Grazia: Quanto sei lamentoso; ...questa volta lo porto io... Prendo una crema idratante, il gel per i capelli e con questo ho finito. Tu vuoi qualcos'altro?
Guido: Sì: uno shampoo e un dentifricio. Basta così? ...OK. Andiamo alla cassa.

TEST FINALE

A
1. Sì, **le compriamo** spesso.
2. **La regalerò** a Giorgio per il suo onomastico.
3. **Le metto** nella borsetta.
4. Sì, **le abbiamo spente**.
5. **Ci passa a prendere** Nicola.
6. No, non **l'ho usato** io.
7. Sì, **l'ho visitata** e sono rimasta a bocca aperta.
8. No, non **li abbiamo tradotti**.
9. Sì, professore, **La capisco** abbastanza bene.
10. **Le andrò a trovare** stasera.

B
1. Dopo tanti anni ho incontrato Luigi, ma non **l'ho riconosciuto**.
2. Signor Valli, se parla così in fretta, non **La posso capire**.
3. Luca **ci ha cercati** per tutta la giornata, ma non **ci ha trovati**.
4. Signora Marta, **La prego** di telefonare dopo le sette.
5. Cari amici, **vi prego** di aspettare ancora un minuto.
6. **Li abbiamo incontrati** alla pizzeria *Napoletana*.
7. Ho visto le ragazze per strada, **ma non mi hanno salutato**.
8. Voi avete rotto la radio e voi **la farete** aggiustare.

81

Unità 8

C

Palermo, 26 aprile

Egregio direttore,

***La** ringrazio tanto per gli inviti che ha mandato a me ed ai miei fratelli. Ieri mattina ho telefonato a Roma, dove abitano, per avvisar**li**, ma non **li** ho trovati; ho provato a richiamar**li** durante la giornata, ma solo la sera sono riuscito a trovar**li**. Hanno detto che saranno felici di essere presenti all'inaugurazione dei nuovi uffici, e che telefoneranno per ringraziar**La** di persona.*
*Spero di incontrare anche i miei vecchi colleghi d'ufficio; **La** prego di salutar**li** tutti da parte mia.*
***La** saluto cordialmente,*

Giuseppe Salemi

D Cruciverba

1. Dentifricio
2. Medicinale
3. Idratante
4. Calorie
5. Offerta
6. Rabbia
7. Gioia
8. Edicola
9. Scremato
10. Barattolo
11. Confezione
12. Macelleria

3° test di ricapitolazione (unità 6, 7 e 8)

A
1. Non abbiamo potuto chiamare Maria perché abbiamo perso **il suo** numero di telefono.
2. Non è **il mio** registratore che non va bene, sono **le tue** cassette che sono registrate male!
3. Ho chiesto in prestito l'auto a **mio** padre perché **la mia** non parte.
4. Ho incontrato **tua** sorella con **i suoi** bambini.
5. Certamente io cerco di fare **i miei** interessi, se vuoi tu fai **i tuoi**.
6. In questo mondo, anche se piccolo, ognuno ha **i suoi** difetti!
7. Roberto non ama tanto **il suo** lavoro perché guadagna poco.
8. **I miei** cugini abitano a Torino; **i tuoi** dove abitano?
9. Signor Piero, è arrivato **Suo** figlio.
10. Io ho una sorella e un fratello; **mio** fratello si chiama Marco, **mia** sorella si chiama Cristina.

B
1. Avevo perso **il mio** portafoglio con tutti **i miei** documenti, ma per fortuna l'ha trovato Elsa.
2. Sai se con lei vengono anche **i suoi** amici?
3. Ingegnere, ecco **la Sua** insalata mista.
4. Francesco ha invitato a casa **sua** suocera, ma solo per due giorni.
5. Di chi sono questi appunti? Sono **i Suoi**, signorina?
6. Ennio, come si chiama **la tua** città?
7. I signori Di Carlo hanno comprato una bella casa con **i loro** risparmi.
8. Signora Rosa, **Sua** figlia è veramente una bella ragazza!
9. Voi avete i vostri problemi, noi abbiamo **i nostri**.
10. Gino, soltanto ieri abbiamo ricevuto **la tua** lettera.

C
1. Con **questo** freddo è meglio accendere il camino.
2. Non è **questa** la macchina di Giorgio, ma **quella**.
3. **Quella** signora seduta in ultima fila è la moglie di Arturo.
4. Com'è bello **quest'**orologio! È un regalo del tuo fidanzato?
5. Sono veramente comode **queste** sedie!
6. Prendo un pezzo di **questa** torta, **quella** non mi piace.
7. Non è per niente facile risolvere problemi come **questo**.
8. Basta con **queste** storie; cerchiamo di essere allegri!
9. **Quegli** studenti lì sono algerini.
10. **Quello** che dici è molto giusto!

D
1. Pronto, agenzia *Alpitour*? **Vorrei** prenotare per una settimana a Cuba.
2. Cameriere, **vorrei** un altro caffè.
3. Carlo **mi piace** per il suo modo di parlare.
4. Non **mi piacciono** le ragazze che fumano per strada.
5. **Vorrei** avere tanti soldi per non lavorare più!
6. Quando sono all'estero **vorrei** essere al mio paese e quando sono al mio paese **vorrei** essere all'estero!
7. Chiara, ultimamente il tuo comportamento non **mi piace** per niente!
8. Non **mi piacciono** i piatti molto piccanti.

E
1. Noi **eravamo** seduti nel salone quando **è arrivato** Gino.

2. Questa mattina **ho incontrato** Paolo mentre **andavo** in ufficio.
3. Appena **sono arrivato** a casa, **ho tolto** le scarpe e **ho messo** le pantofole.
4. Noi **abbiamo aspettato** a lungo e poi **siamo andati via**.
5. Quando voi **stavate** a Firenze **avete visitato** i musei della città?
6. Mentre io **ascoltavo** la radio, **ho appreso** la notizia.
7. Lucio Dalla **ha cantato** una sua vecchia canzone che non **sentivo** da molti anni.
8. I ragazzi **avevano preparato** bene l'esame e per questo lo **hanno superato**.
9. Io non **sono venuto** perché **avevo** da fare.
10. Noi **volevamo** andare a vedere il concerto, ma non **avevamo** i biglietti.

F
1. Sono andato a casa di Matteo, ma non l'ho trovato perché non **era tornato**.
2. Carlo e Laura avevano invitato anche me, ma non **sono potuto** andare.
3. Poiché avevo dormito poco, avevo mal di testa.
4. Gianni **era** appena salito sul treno quando ha notato che non **aveva preso** il telefonino.
5. Gli ospiti che **aspettavamo** sono arrivati con qualche minuto di ritardo.
6. Quando loro **sono arrivati**, io dormivo già da un bel po'.
7. Molto piacere, signor Salerno, era da tanto che **volevo** conoscerLa.
8. Anche se non mi piaceva, ho dovuto mangiare il dolce che aveva preparato con le sue mani!

Progetto Italiano 1 - Guida e chiavi ....**Unità 9**

I verbi riflessivi e la forma impersonale, le spese e l'abbigliamento in genere riassumono più o meno il contenuto di questa unità.

LIBRO DEI TESTI

1 Lavori come suggerito nelle unità precedenti. Prima di ascoltare il brano, e sempre a libro chiuso, potrebbe riscaldare la classe facendo una breve discussione su relazioni, appuntamenti, conoscenze, feste ecc.. Le risposte giuste sono: *1v, 2f, 3v, 4f*.

3 Come già spiegato, queste domande hanno lo scopo di controllare e, nello stesso tempo, portare alla comprensione del testo. Non dovrebbe, quindi, avere la pretesa che gli studenti usino i riflessivi senza errori. Potrebbe invece dar loro l'aiuto necessario, ripetendo semplicemente la forma giusta quando ce n'è bisogno.

4 Questo testo è la continuità logica di quello precedente e non dovrebbe creare tanti problemi agli studenti i quali conoscono già dall'unità introduttiva il singolare del verbo *chiamarsi*. L'ordine esatto è: *si è divertito, si è innamorato, si erano visti, si occupa, si rivedranno, si sentiranno, ti puoi fidare.*

6-7 Guardando la scheda grammaticale di sopra gli studenti devono abbinare le due colonne, il che dovrebbe risultare abbastanza facile. Subito dopo un esercizio orale come tanti che abbiamo incontrato finora.

8 Visti i verbi riflessivi si passa a quelli reciproci, allo scopo di chiarirne subito le differenze. Solo adesso proponiamo esercizi scritti sui riflessivi in genere.

9 Si continua con la grammatica presentando i riflessivi nei tempi composti; l'uso del verbo *essere* come ausiliare dei riflessivi è già stato accennato nella 4ª unità.

10 Si passa all'area lessicale centrale dell'unità, le spese. Proponiamo due dialoghi simili e nello stesso tempo diversi allo scopo di presentare un vocabolario nuovo. Le suggeriamo di dare agli studenti 4-5 minuti per leggere individualmente i due testi e poi rispondere alle domande. In seguito, può spiegare le parole sconosciute (anche se molte sono internazionali o abbastanza note: *blu, cottone, sconto, credito* ecc.) e le espressioni della breve scheda di pagina 123. Può far notare loro la differenza fra taglia e numero, ecc.. Le risposte giuste sono: *1a, 2b, 3b, 4a.*

11 Tre foto che presentano parecchi capi di abbigliamento e che gli studenti possono consultare anche mentre leggono i dialoghi del n.10. In più, possono esprimere il loro parere in proposito ("mi piace la sua cravatta", "a me non piace il maglione della ragazza" ecc.) rispondendo a domande Sue ("ti piace com'è vestita la ragazza a sinistra?" ecc.), oppure far fare delle domande fra di loro su questo argomento.

12 Due brevi esercizi che presentano lessico nuovo; Le suggeriamo di assegnarli agli studenti in classe senza dare alcuna spiegazione. Se, dopo aver provato, hanno delle difficoltà, può cercare di aiutarli descrivendo i

85

Unità 9

vari capi - magari quelli loro - in italiano (ad. es. "Il maglione di Andrea è molto elegante" ecc.). In tal modo li porterà alla scoperta del significato di tutte le parole. Le combinazioni sono: **a.** *sbottonato - aperto, maglietta - t-shirt, tessuto - stoffa, pullover - maglione, elegante - raffinato, indossare - portare* **b.** *abbottonato - sbottonato, stretto - largo, corto - lungo, classico - moderno, zip - bottone, spogliarsi - vestirsi*

13 Qua gli studenti dovrebbero lavorare in coppie scambiandosi idee in italiano su quello che ritengono classico o moderno. Lei può girare da coppia a coppia per eventuali chiarimenti e per esprimere il Suo parere in proposito. Alla fine le coppie, attraverso un rappresentante, si possono scambiare opinioni. In più, possono dire in quale occasione portano i capi presentati (ad. es. "quando portiamo i bermuda?" ecc.).

14 Lavori come suggerito nelle unità precedenti (ad. es. 2ª unità, n. 8). In più, potrebbe fare una piccola "gara di recitazione" in cui diverse coppie proveranno a interpretare la situazione; quella più naturale e spontanea secondo il parere della classe vincerà.

15 Uno studente o l'intera classe dovrà descrivere l'abbigliamento di uno dei compagni scelto da Lei (ad. es. "cosa indossa Angela?"). Oppure ogni studente descriverà com'è vestito un suo compagno senza rivelarne il nome; gli altri dovranno indovinare di chi si tratta. Le attività 12-15 richiedono un uso creativo della maggior parte dei capi presentati, portando così ad una memorizzazione efficiente.

16 Un particolare visto anche in precedenza, la posizione dei pronomi con i verbi modali. È bene soffermarsi su tale argomento perché questo è uno dei fenomeni che spesso gli studenti dimenticano di applicare nelle loro produzioni scritte e orali.

17 Un altro caso che porta spesso gli studenti d'italiano a sbagliare quando parlano e scrivono. Consigliamo ciò che abbiamo detto per l'attività precedente.

18-19 Una funzione che gli studenti possono già esprimere; qua, comunque, vedono espressioni nuove e abbastanza utili che, a nostro parere, chiarirà ancora di più l'uso del pronome *ne*. Come notato anche nel libro, è sconsigliabile approfondire nel congiuntivo. D'altra parte, farebbe bene a incoraggiare l'uso di queste due espressioni, soprattutto nei compiti scritti. Nel role-play lavori come al solito facendo parlare quanto più persone possibile. Ripetere queste espressioni sicuramente non guasta. Si potrebbe, infine, esprimere dei pareri sulle foto di pagina 123.

20-21 Scopo di questo testo è presentare la forma impersonale, importantissima già a questo livello linguistico sia nella produzione orale che in quella scritta. Lo si fa attraverso un dialogo che presenta brevemente la vita degli studenti in Italia. Leggendo il testo e rispondendo con successo alle domande gli studenti avranno già capito inconsciamente l'uso della forma passiva. Le risposte sono: *1v, 2f, 3v, 4f, 5v.* La scheda di pag. 128 spiega e riassume tutti i casi del fenomeno (ad. es. contrariamente al pronome *uno,* il pronome *si* si mette prima di ogni verbo: "se si studia, si impara" ecc.). Una breve scheda, infine, presenta un'altra particolarità del fenomeno (verbi *essere, sentirsi, diventare* ecc.).

Progetto Italiano 1 - Guida e chiavi ....**Unità 9**

22 Visto che parliamo della forma impersonale abbiamo ritenuto opportuno presentare anche alcune espressioni analoghe impersonali. Chiarisca ai Suoi alunni il senso di un'espressione impersonale per evitare frasi come "è possibile che tu", che confonderebbe di molto le cose.

23 Scopo di questo dialogo è presentare parole non incontrate finora (accessori, disegni, colori ecc.). Come sempre è accompagnato da un esercizio per la comprensione. Giuste sono le affermazioni *n. 3, 4, 6 e 7*. Potrebbe poi far riassumere il tutto per iscritto, oppure oralmente.

24 Ascolto (Veda più avanti, nel Libro degli esercizi)

25-26 Prima domande per l'espressione libera orale alle quali possono rispondere più persone. In seguito, una lettera relativa all'argomento centrale dell'unità, che potrebbe essere anche un po' più lunga. L'attività 25 può servire anche come spunto per una lezione interculturale.

Test finale: veda i suggerimenti dell'unità introduttiva.

Conosciamo l'Italia
Italia significa anche e specialmente moda ed ecco i suoi ambasciatori; gli stilisti più famosi del Bel Paese. Ovviamente ce ne sono tantissimi altri, dei quali non avrebbe senso parlare. D'altra parte, un'attività interessante sarebbe di assegnare ai Suoi alunni una piccola ricerca su altri stilisti italiani, anche minori oppure sulla presenza di negozi degli stilisti presentati nel libro, ecc. I risultati di tale ricerca si potrebbero discutere in classe (ad. es. "I jeans di *Americanino* sono noti in tutto il mondo").
Le risposte giuste sono: *1b, 2c, 3b, 4a.*

LIBRO DEGLI ESERCIZI

1 1. **Vi vestite** in fretta la mattina?
2. **Si trovano** bene in questa città?
3. I miei figli **si annoiano** da morire ultimamente.
4. **Vi pettinate** con cura prima di uscire?
5. **Ci divertiamo** tanto quando siamo con i nostri amici.
6. **Ci sentiamo** male in situazioni del genere.
7. **Si vergognano** di quanto è successo.
8. **Si ritirano** spesso nelle loro camere.
9. **Ci laviamo** tutte le sere i denti prima di andare a letto.
10. **Ci accorgiamo** facilmente se una persona dice bugie.

2 1. Ragazzi, vedo che **vi svegliate** tarduccio!
2. Luisa **si pettina** anche sei volte al giorno.
3. Quale shampoo usate quando **vi lavate** i capelli?
4. Adesso **mi spoglio** e faccio una doccia.

87

Unità 9

    5. Non **ci accorgiamo** sempre quando qualcuno scherza.
    6. **Ti trovi** veramente in una situazione difficile.
    7. Vedrete che col tempo tutto **si aggiusta**.
    8. Perché non **vi fate** i fatti vostri?!
    9. Sono rappresentante e perciò **mi sposto** spesso in macchina.
 10. Di solito **ti addormenti** subito o leggi qualcosa?

3
    1. **Mi ricordo** raramente di pagare le tasse in tempo.
    2. Mio padre e mia madre **si conoscono** dai tempi del ginnasio.
    3. Tra loro i giovani **si danno** del tu.
    4. Ho notato che spesso tu e tuo fratello non **vi capite**.
    5. Secondo me, **vi stancate** inutilmente.
    6. Se **vi affacciate** alla finestra, vedrete un bel panorama.
    7. Antonio e Sara **si sposeranno** il mese prossimo.
    8. Quando **ti decidi** a cambiare macchina?

4
    1. Non **mi faccio** sentire perché sono impegnatissimo.
    2. Appena **ti alzi**, bevi subito un caffè?
    3. Ma come, quello che **mi metto** non è giovanile?!
    4. Sì, **ci vediamo** ogni settimana.
    5. Quando **vi incontrerete** per discutere di questo problema?
    6. **Vi muovete** con facilità adesso che avete comprato il motorino?
    7. **Mi laureo** prima di dicembre.
    8. Sicuramente **mi stanco**, ma è il mio lavoro.
    9. Di solito **ci rivolgiamo** ad amici.
 10. Dove **vi ritrovate** di solito?

5
    1. Le persone anziane **si ammalano** facilmente.
    2. Vittorio e sua madre **si abbracciano** con affetto.
    3. Un attimo solo, **ci vestiamo** e scendiamo!
    4. Devi stare attento con quel coltello, altrimenti **ti tagli**!
    5. Stamattina non **mi faccio** la barba!
    6. Mio padre **si sveglia** tutte le mattine alle cinque per andare a lavorare.
    7. Se cadi, **ti farai** male!
    8. Anna **si lamenta** spesso delle sue amiche!
    9. Ragazzi, **vi decidete** a mettere in ordine la vostra stanza?!
 10. Per questo esame noi **ci prepareremo** alla grande.

6
    1. Non sopporto le persone che **si scambiano** i vestiti.
    2. Da quando hanno litigato, Paola e Mauro non **si parlano** più.
    3. L'autobus **si ferma** proprio sotto casa mia.
    4. Le persone che **si preoccupano** poco, vivono meglio.
    5. Noi **ci sposeremo** in chiesa fra un mese.

6. Ultimamente non **mi concentro**; ho la testa altrove.
7. Non posso capire le persone che **si innamorano** a prima vista.
8. Ci sono persone che **si accontentano** di quello che hanno.
9. Quando **vi rivolgete** a persone anziane dovete essere gentili.
10. **Mi congratulo** con voi! Siete stati veramente eccezionali!

7
1. Quando vai sulla moto, **ti metti** i guanti?
2. Se tutto va bene, Aldo **si laurea** fra due mesi.
3. Non **mi stanco** molto quando dormo di pomeriggio.
4. Arrivederci! **Ci troveremo** domani al solito posto.
5. Quando **ti deciderai** a cambiare abitudini?
6. I miei figli **si divertono** tanto a guardare i cartoni animati.
7. Ma non **vi accorgete** che andate in un'altra direzione?
8. Fate piano, altrimenti i ragazzi **si sveglieranno**.
9. Se non guardate le indicazioni, **vi perderete** come l'ultima volta a Roma.
10. Non sopporto le persone che **si offendono** facilmente.

8 Ennio **si alza** ogni mattina alle sette, lo seguono la moglie e il figlioletto Nunzio, **si lava** i denti meticolosamente, **si fa** la barba e dopo cinque minuti va in cucina a fare colazione col resto della famiglia. Ennio **si considera** un mediocre, nella sua vita non succede mai niente di importante. Non deve fare nemmeno tanta strada a piedi per andare a prendere l'autobus che **si ferma** proprio sotto casa. Lui e i suoi amici **si ritrovano** ogni sabato pomeriggio al bar.
Oggi è sabato ed il nostro amico **si è perduto** nei suoi pensieri, pensa a quanto **si divertirà** domani.

9
1. **Ti sei ricordato** dove sono le mie chiavi?
2. Ieri non **mi sono allenato** perché la palestra comunale era chiusa.
3. Anche ieri notte **mi sono alzato** per bere un bicchiere d'acqua.
4. **Vi siete adattati** facilmente all'ora legale?
5. Anche ieri **mi sono svegliato** alle otto.
6. **Mi sono abituato** con difficoltà al clima del Nord.
7. **Ti sei trovato** bene in questa città?
8. Mio marito e i miei figli **si sono annoiati** perché ieri non c'erano le partite.
9. **Ci siamo fermati** poco tempo in Italia.
10. Anche quest'anno **mi sono dimenticato** del compleanno di mia moglie.

10
1. Ieri mentre tornavo a casa pioveva e **mi sono bagnato**.
2. A teatro noi **ci siamo seduti** in seconda fila.
3. Siccome non conoscevamo la lingua, **ci siamo fatti** capire con la mimica.
4. Signor Roversi, **si è ricordato** di portare il contratto?
5. Non **vi siete divertiti** affatto alla festa di Luisa?
6. Ieri **mi sono lavato** i capelli con un nuovo prodotto.
7. **Mi sono stancato** perché sono stato molte ore in piedi.
8. Gianni e Livio **si sono iscritti** alla facoltà di Giurisprudenza.

Unità 9

    9. Paolo è una persona che **si è fatto** sempre i fatti suoi.
  10. Oramai **ci siamo abituati** alle stranezze di Marta.

11 1. Io e Roberta **ci siamo visti** solo per pochi minuti.
  2. Io **mi sono iscritto** ad una palestra.
  3. Con chi **vi siete messi** d'accordo?
  4. Vedo che non **ti sei pentito** affatto della tua scelta.
  5. Io e Daniele **ci siamo incontrati** per caso alla stazione.
  6. **Mi sono chiesto** più volte se vale la pena lavorare tanto.
  7. Quando **ti sei accorto** che avevi preso il treno sbagliato?
  8. Siccome non conoscevo nessuno, **mi sono presentata** da sola.
  9. Il film non era interessante, non **ti sei perso** assolutamente niente!
 10. Abbiamo telefonato ai ragazzi e **ci siamo congratulati** con loro.

12 1. **Mi devo incontrare** con il mio ragazzo.
     Devo incontrarmi con il mio ragazzo.
  2. **Non ci potevamo svegliare** perché eravamo andati a letto tardi.
     Non potevamo svegliarci perché eravamo andati a letto tardi.
  3. Non sbagli, **ci dobbiamo vedere** con Marina alle nove.
     Non sbagli, **dobbiamo vederci** con Marina alle nove.
  4. **Ci dobbiamo vestire** così bene perché siamo invitati ad una festa.
     Dobbiamo vestirci così bene perché siamo invitati ad una festa.
  5. **Non mi posso addormentare** perché ho bevuto un caffè alle dieci.
     Non posso addormentarmi perché ho bevuto un caffè alle dieci.
  6. No, non **ci possiamo vedere** più presto perché le discoteche aprono molto tardi.
     No, non **possiamo vederci** più presto perché le discoteche aprono molto tardi.

13 1. Sì, **mi dovevo sposare** il mese scorso, ma ho cambiato idea!!!
     Sì, **dovevo sposarmi** il mese scorso, ma ho cambiato idea!!!
  2. Sì, **mi voglio riposare** un po' prima di ripartire.
     Sì, **voglio riposarmi** un po' prima di ripartire.
  3. Certo che **ci possiamo fermare**.
     Certo che **possiamo fermarci**.
  4. **Ci possiamo mettere** in viaggio domani alle sei.
     Possiamo metterci in viaggio domani alle sei.
  5. Se volete, **ci possiamo trovare** a casa mia.
     Se volete, **possiamo trovarci** a casa mia.
  6. No, non **mi potevo pettinare**.
     No, non **potevo pettinarmi**.

14 1. *potersi laureare*   Luca **si è potuto laureare** grazie all'aiuto di suo zio.
                                 Luca **ha potuto laurearsi** grazie all'aiuto di suo zio.
  2. *doversi sbrigare*   **Mi sono dovuto sbrigare**, altrimenti perdevo il treno.

	Ho dovuto sbrigarmi, altrimenti perdevo il treno.
3. *potersi iscrivere*	Io **mi sono potuto iscrivere** al corso dopo aver superato un test.
	Io **ho potuto iscrivermi** al corso dopo aver superato un test.
4. *potersi liberare*	Noi **ci siamo potuti liberare** di quel fastidioso cliente.
	Noi **abbiamo potuto liberarci** di quel fastidioso cliente.
5. *potersi addormentare*	Lui **si è potuto addormentare** solo dopo che i ragazzi erano andati via.
	Lui **ha potuto addormentarsi** solo dopo che i ragazzi erano andati via.
6. *potersi alzare*	Ho avuto la febbre e non **mi sono potuto alzare** dal letto per una settimana.
	Ho avuto la febbre e non **ho potuto alzarmi** dal letto per una settimana.
7. *volersi impegnare*	Io **mi sono voluto impegnare** per risolvere il problema.
	Io **ho voluto impegnarmi** per risolvere il problema.
8. *potersi godere*	Alla fine lui **si è potuto godere** lo spettacolo in santa pace.
	Alla fine lui **ha potuto godersi** in santa pace.

15
1. Si vive bene nei piccoli centri.
2. Quando si è in vacanza si spende tantissimo.
3. Si studia meglio in compagnia.
4. Ultimamente si guadagna di più, ma si spende anche di più.
5. A casa mia si mangia sempre alle 2.
6. Per questa strada si arriva prima!
7. Si fa un po' di ginnastica per perdere qualche chilo.
8. Quando si guida con calma si può evitare qualche incidente.
9. Si cerca sempre di essere puntuali.
10. Se si continua a spendere, si resterà presto senza una lira.

16
1. Ci si annoia in questa città.
2. Dopo un bel viaggio ci si sente bene.
3. Quando si fa tardi, ci si sveglia con difficoltà.
4. Generalmente ci si pente dei propri errori.
5. Quando ci si prepara bene, si ha successo.
6. Tra amici ci si dà del tu.
7. Generalmente quando si ha fretta, ci si veste male.
8. Tra colleghi ci si aiuta sempre.

17
1. Al ristorante *da Cesare* si mangia bene e non si paga molto.
2. Con queste scarpe si cammina bene perché sono molto comode.
3. Bisogna saper usare il telefono: se si telefona dopo le 10, si spende poco.
4. Quando si abita in una strada molto rumorosa, non si può dormire molto.
5. Prima di prendere una decisione importante, si deve pensare molto.
6. A volte si lavora tanto per cose inutili!
7. D'inverno si va a letto più presto.
8. Quando si lavora molto ci si stanca!
9. Nei supermercati si risparmia abbastanza.

Unità 9

10. In certe situazioni non si sa cosa fare!

18
1. Quando si lavora troppo si è stanchi.
2. Dopo una bella dormita ci si sente riposati.
3. Dopo pranzo ci si sente un po' pesanti.
4. Con questi telegiornali non si è mai sicuri di conoscere la verità.
5. Si è infelici quando si è lontani da casa.
6. Quando si è malati si resta a letto.
7. Si è contenti quando si può fare quello che si vuole.
8. Se non si è adatti a un lavoro, si deve cambiare.
9. Se non si è abituati a guidare molte ore, ci si stanca.
10. Quando si è da soli non si è felici.

19
1. Forse voi vi siete sbagliati!
2. Mi sono pentito di non aver terminato il corso.
3. Dopo tanti anni in giro per il mondo, io e mio marito ci siamo ritirati a vivere in campagna.
4. Carlo e Marina si sono sposati due anni fa.
5. Questo mese Anna non si è fatta bene i conti ed è rimasta senza soldi.
6. Secondo me, ti sei preoccupato per niente.
7. Mi sono accorto che Vera era straniera da come parlava.
8. I ragazzi si sono preparati per uscire.
9. Per seguire la conferenza mi sono collegato con Internet.
10. La settimana scorsa ci siamo sentiti per telefono.

20
1. È possibile fare il bagno in questa piscina.
2. È inutile preoccuparsi tanto per niente.
3. È difficile parlare da amico ai propri figli.
4. È impossibile finire questo lavoro prima di domani.
5. A volte è meglio perdere un amico che litigare continuamente.
6. È utile essere informati su quello che succede negli altri paesi.
7. È meglio avere problemi di soldi che di salute.
8. Si deve stare attenti prima di usare un medicinale.

21
1. **Il vocabolario di italiano.** — Il vocabolario dell'italiano.
2. **Abito accanto alla stazione.** — Abito accanto della stazione.
3. Ti puoi sedere sul quel divano. — **Ti puoi sedere su quel divano.**
4. **Abito lontano dalla città.** — Abito lontano della città.
5. Non ho gli occhiali del sole. — **Non ho gli occhiali da sole.**
6. Sono venuto con i piedi. — **Sono venuto a piedi.**
7. **Ho vissuto a Siena per due anni.** — Ho vissuto a Siena da due anni.
8. **Cercheremo di finire presto.** — Cercheremo a finire presto.
9. **Ti presento un mio amico di Bari.** — Ti presento un mio amico da Bari.
10. Sono abituato di studiare da solo. — **Sono abituato a studiare da solo.**

Unità 9

22 Vestiti e misteri

Londra sarà pure diventata la città più trendy e creativa **del** mondo, ma le inglesi, nobili e ricche, continuano **a** vestirsi **da** cani. Lo fa notare il giornale londinese *Indipendent* mostrando come anche le star come Victoria Adams, quando comprano abiti **dagli** stilisti, vanno **dagli** stilisti sbagliati e mostrano **sulle** loro teste grandissimi, strani cappelli e altro. Forse **da** loro l'arte **di** vestire bene è molto lontana.

23 Ascolto

Pagina 118 del Libro degli esercizi; lavori come suggerito nelle unità precedenti facendo ascoltare il testo almeno due volte e senza spiegare in anticipo possibili parole sconosciute. Le risposte esatte sono: <u>1c, 2c, 3b, 4a.</u>

Ecco il dialogo:

negoziante: Buongiorno signorina; ha visto in vetrina qualche modello che Le piace?
cliente: Ne ho visti due o tre, ma sono indecisa.
negoziante: Non importa. Troveremo qualcosa. ...Sta cercando occhiali da sole o da vista?
cliente: Tutti e due.
negoziante: Cioè, due modelli?
cliente: No... Volevo chiedere: è possibile scegliere un modello da sole e poi magari mettere le lenti da miopia?
negoziante: Certo, è una cosa che si fa molto spesso. Allora... cerchiamo un po' tra i modelli da sole. Che stile stiamo cercando più o meno?
cliente: Boh... Non saprei. Magari rotondi.
negoziante: Bene; ce ne sono parecchi in questa linea. Ecco, questo qua, come Le sembra?
cliente: ...Nnno, la montatura mi sembra un po' pesante. Vorrei qualcosa di più leggero.
negoziante: Allora Le faccio vedere i modelli e Lei mi dirà se c'è qualcosa che Le piace...
cliente: Questi qua per esempio mi piacciono molto.
negoziante: Questo è uno degli ultimi modelli di Armani.
cliente: Sì, lo vedo; quanto costa?
negoziante: Questo modello costa 330.000 lire senza i cristalli, ovviamente.
cliente: Be', belli ma cari. Questi *Byblos*? Anche questi mi piacciono.
negoziante: Questi costano di meno: 280.000 lire. E Le stanno anche bene.
cliente: Immagino però che con le lenti da miopia il prezzo aumenterà di molto, quindi... devo trovare un modello meno caro... Ecco, questi *Persol* mi stanno bene. Quanto costano?
negoziante: Questi costano 250.000 lire. E poi per la qualità non si preoccupi. Intanto sono tutti prodotti della *Luxottica*.

TEST FINALE

A 1. Quella volta, invece, non è stato difficile **farsi capire**.
   2. **Ti sei reso conto** della confusione che hai fatto?
   3. Sono entrato nel negozio e **mi sono comprato** un paio di pantaloni.

Unità 9

4. L'altro giorno **mi sono divertito** tanto in compagnia di Giuliana.
5. Non sono andato a mangiare fuori, ma **mi sono preparato** la cena da solo.
6. C'era il sole e io e mio marito **ci siamo fatti** una passeggiata per il parco.
7. **Mi sono pentito** di non aver ascoltato le tue parole!
8. Non **ti sei preoccupato** mai della tua salute.

B
1. **c**. Ieri Carla e Maria hanno dovuto alzarsi molto presto.
2. **a**. In discoteca ci siamo divertiti un mondo.
3. **b**. Tutte le sere Marco e i suoi amici si incontrano al bar da Gino.
4. **a**. Signor Gianni, in passato Le è capitato di arrabbiarsi con i Suoi figli?
5. **a**. Quando ti sei potuto alzare dal letto?
6. **c**. Quando vi siete sposati?
7. **b**. Mi sono dovuto fermare a Genova un giorno in più per uno sciopero.
8. **b**. Paola e Giuseppe non si sono parlati per due anni.

C
Giorgio e Francesca **si conoscono** dai tempi dell'Università. Si sono conosciuti allo sportello della segreteria di Giurisprudenza. Lei **si era messa** in fila ed aspettava con calma, lui **si arrabbiava** continuamente quando qualche studente cercava di fare il furbo.
Dopo qualche giorno **si sono incontrati** a casa di Lorenzo, un amico comune; lui non **si era ricordato** di quella ragazzina che rideva come una matta, e per farsi perdonare l'ha invitata a ballare. Da quella sera **si vedevano** spesso, e sono diventati due buonissimi amici.
Si sono laureati otto anni fa ed hanno un ufficio legale in comune. Lei **si occupa** di diritto civile e lui di quello penale.
Francesca **si è sposata** due anni fa con Lorenzo e lui **si è fidanzato** con Marcella e convive con lei da qualche mese.

D **Cruciverba**

1. Minigonna
2. Giubbotto
3. Completo
4. Pantaloni
5. Giacca
6. Tessuto
7. Cappotto
8. Scarpe
9. Occhiali
10. Sfilata

Unità 10

La 10ª è l'unità più lunga del libro poiché tratta due importanti fenomeni grammaticali, i pronomi indiretti e l'imperativo diretto. Bisogna dedicarle, quindi, più ore, sulle 12-14, a seconda certo dei bisogni della classe. Argomento centrale culturale è la televisione e il suo gergo.

LIBRO DEI TESTI

1 Lavori come suggerito nelle unità precedenti. Prima di ascoltare il brano, a libri chiusi, potrebbe riscaldare la classe facendo una breve discussione su preferenze televisive, trasmissioni che trattano problemi sociali ecc.. Le risposte giuste sono: *1f, 2v, 3v, 4f*.

3 Non dovrebbe insistere ancora sull'uso corretto dei pronomi indiretti. Basta che gli studenti dimostrino di aver capito il testo.

4 Questo testo è la continuità logica di quello precedente. L'ordine esatto dei pronomi è: *ti, le, mi, le, gli, gli, le, mi, ti, le.* Sarebbe forse interessante sottolineare la differenza tra il pronome diretto e indiretto, differenza non sempre chiara agli studenti.

6 La scheda grammaticale presenta in modo chiaro sia il significato di ogni pronome indiretto sia alcuni dei verbi che ne richiedono l'uso, i quali vanno sottolineati. Questo è un esercizio importante perché gli studenti hanno modo di capire meglio il funzionamento di tale fenomeno.

7 Si passa subito ai pronomi nei tempi composti per evidenziare la differenza tra i diretti, con cui concorda il participio passato, e gli indiretti, con cui non concorda. In più, gli studenti hanno l'opportunità di rivedere i pronomi diretti dopo l'8ª unità.

8 Una piccola particolarità rispetto a quanto visto prima. La concordanza del p. passato del verbo *piacere* con il suo soggetto.

9-10 Si cerca di spiegare meglio l'uso dei pronomi indiretti attraverso alcune utili espressioni relative. Le suggeriamo di dare spiegazioni solo quando gli studenti avranno completato le frasi del n. 10 perché così facendo fissano meglio le spiegazioni che Lei dà. In seguito, si conclude con i pronomi indiretti; i verbi modali non dovrebbero creare più problemi agli studenti.

11-12 Un lungo intervallo comunicativo tra indiretti e imperativo. Qua presentiamo un vocabolario televisivo attraverso un testo alquanto divertente tra Cesare e Cleopatra (da far notare che è stata fatta un giorno prima dell'uccisione del grande imperatore). Come al solito, Le suggeriamo di spiegare le parole sconosciute dopo che gli studenti avranno risposto alle domande di pagina 138. Esatte sono le affermazioni *n. 3, 4 e 6*.

13 Tre attività comunicative che hanno lo scopo di far parlare gli studenti sui programmi televisivi italiani usando in modo creativo il lessico appena visto. In più, imparano alcune espressioni utili come *su Rai1 c'è,*

Unità 10

va in onda, ecc. e altre che probabilmente Le chiederanno. Le attività si possono svolgere all'interno di ogni coppia, oppure una alla volta davanti al resto della classe. Nel primo caso Suo compito sarà fornire (magari girando tra le coppie) i suggerimenti necessari. In ogni caso dovrebbe evitare correzioni linguistiche. Lasci che scelgano loro stessi l'attività da svolgere e che si preparino per 4-5 minuti.

14 Un'attività simile a quelle precedenti, su cui possono parlare uno o più studenti, usando espressioni come *"agli italiani piace..., mentre a noi..."*, *"sia agli italiani sia a noi piacciono..."*. In più, una lettura da parte loro dell'intera tavola sarebbe un'ottima ricapitolazione dei numeri.

15-16 L'epilogo del vocabolario televisivo con due brevi esercizi. Le suggeriamo di dare le spiegazioni necessarie alla fine. Le soluzioni sono: 15: *notiziario - telegiornale, canale - rete, show - varietà, spot - pubblicità, episodio - puntata*. 16: *1c, 2e, 3b, 4a, 5d.*

17 Torniamo alla grammatica con l'imperativo diretto. Come primo stimolo proponiamo alcuni testi da leggere presi dalla stampa e da discuterne senza alcun riferimento alle regole grammaticali. Può lavorare sul messaggio, sulla costruzione sintattica dei titoli, ecc..

18-19 Prima, una serie di battute per presentare l'imperativo nelle tre coniugazioni. Le suggeriamo di leggerle ad alta voce: dalla Sua intonazione gli studenti ne capiranno il significato. In seguito, osservando appunto queste battute, dovranno completare l'esercizio 19. Può dare spiegazioni grammaticali adesso, oppure dopo il n. 21. Le combinazioni giuste sono: *1. lavora, 2. uscite, 3. parliamo, 4. fate, 5. partecipa, 6. spegni, 7. venite, 8. scrivi.*

20-22 Si lavora nello stesso modo per presentare l'imperativo negativo: le battute da osservare e un esercizio da completare. Le riposte sono: *1. non fare, 2. non chiamate, 3. non mangiamo, 4. non essere, 5. non dimenticate, 6. non tradire.* Segue una scheda che riassume l'intero imperativo diretto regolare: come sappiamo bisogna dare particolare attenzione alla prima persona singolare, sia dell'affermazione che della negazione, l'unica che differisce dall'indicativo.
* Le suggeriamo di non presentare tutte le forme dell'imperativo nella stessa lezione; dividendolo in due parti darebbe ai Suoi alunni il tempo necessario per comprendere meglio le forme nuove. Come 'intervallo' potrebbe proporre ora il primo dei due testi della civiltà (p. 148).

23 Di nuovo usiamo la pubblicità come primo stimolo. Le suggeriamo di leggerla ad alta voce, discuterne poi con gli studenti e chiedere perché si usa qui l'imperativo. In questo modo si fa della produzione orale e si capisce meglio l'uso dell'imperativo.

24 Questa volta le forme nuove (pronomi diretti, indiretti, verbi riflessivi ecc.) vengono presentate attraverso tre mini dialoghi. Gli studenti li devono leggere e poi rispondere alle domande orali che seguono. Per evitare errori di pronuncia abbiamo sottolineato le vocali dove necessario. In ogni caso farebbe bene a ripetere quella giusta ogni volta che viene sbagliata. Infine, se lo ritiene opportuno, faccia una breve ricapitolazione dei pronomi in genere. Se è necessario può provare a rileggere i minidialoghi.

Progetto Italiano 1 - Guida e chiavi

Unità 10

25 Osservando la scheda grammaticale di sopra gli studenti danno due risposte per ogni domanda. In seguito, passiamo ai cinque verbi irregolari all'imperativo, presentandoli in modo molto lineare: una serie di esempi, la scheda e gli esercizi scritti 19 e 20. Se ha bisogno di qualche esercizio supplementare, Le suggeriamo di proporre frasi da tradurre dalla lingua madre in italiano.

26 Un piccolo intervallo comunicativo, relativo comunque all'imperativo diretto. Agli studenti vengono proposti tre dialoghi da abbinare alla cartina giusta. Poiché non sarà molto facile, dovranno leggerli fino a indovinare la soluzione. Così le espressioni relative si memorizzano quasi inconsciamente. La soluzione è: *1b, 2a, 3c.* Spieghi comunque ai Suoi alunni che con l'imperativo si danno indicazioni in contesti informali (come quelli dei dialoghi proposti) e non formali; per questi ultimi possono usare forme come "può/deve prendere..., girare..." ecc.. A tal proposito può proporre agli studenti a trasformare i minidialoghi dalla forma informale a quella formale, di cortesia. In questo modo fa attività di rinforzo sulle due forme.

27 Un role-play per applicare le forme viste in precedenza e conoscere Roma un po' meglio. Da svolgere in coppia, oppure con semplici domande. In ogni caso faccia parlare quante persone possibile proponendo magari anche altri itinerari. La stessa attività si potrebbe fare anche per iscritto: gli studenti dovranno immaginare e scrivere i dialoghi relativi, analoghi a quelli della pagina precedente.

28 Ascolto Veda più avanti, nel Libro degli esercizi.

29-30 Una serie di domande libere orali sui mass media e una lettera relativa a questi. Importante nell'attività 29 fare una lezione basata sull'interculturalità.

Test finale: veda i suggerimenti dell'unità introduttiva.

Conosciamo l'Italia

La televisione con le sue particolarità costituisce un aspetto rilevante della realtà italiana. Presentiamo in breve i suoi canali ed alcuni dei suoi personaggi più noti. Le risposte giuste sono: *1v, 2f, 3f, 4v.*
In seguito, presentiamo in breve le abitudini degli italiani rispetto alla lettura di giornali e le testate principali. Le risposte sono: *1b, 2c, 3a.* Anche qui può continuare l'attività lasciando commentare ciò che hanno letto e magari portando dei giornali e riviste italiane in classe.

LIBRO DEGLI ESERCIZI

1 1. Se **ti** piace questo vestito, puoi prenderlo.
2. Fra poco verrà Aldo e **gli** chiederemo come stanno le cose.
3. Se volete, telefono io a Gianni e **gli** dico di portare i suoi cd.
4. Signorina, **Le** telefono domani.
5. Signor direttore, **Le** confermo che l'appuntamento è per domani alle sette.
6. Sono sicuro che il mio regalo **gli** piacerà.
7. Che cosa **vi** ha offerto Marianna?

97

Unità 10

8. Signora Olga, **Le** presento il signor Orsini.
9. Signor Orsini, **Le** presento la signora Olga.
10. Il tecnico **ci** ha spiegato come funziona la lavatrice.

2
1. Quando verrete, **vi** mostreremo la nostra città.
2. Perché quando **ti** parlo, fai finta di non sentire?
3. Questa sera incontrerò Piero e **gli** darò il tuo numero di telefono.
4. Giancarlo **ti** spedirà il pacco domani.
5. La tua idea **mi** piace tantissimo.
6. Il meccanico **ci** consegnerà la macchina fra due settimane.
7. Giovanni è un ragazzo d'oro, e io **gli** voglio molto bene.
8. I soldi che abbiamo messo da parte **ci** permetteranno di fare una bella vacanza.
9. Mariella **mi** scrive una lettera ogni settimana.
10. **Le** manderò un mazzo di rose rosse per farmi perdonare.

3
1. **Mi dispiace**, ma devo andare via!
2. Abbiamo visto un film con un attore che non **ci piace** per niente.
3. **Mi presti** il tuo libro di storia?
4. Oggi è il compleanno di Lorenzo e **gli regaleremo** un bel cd di musica italiana.
5. Per Natale noi **gli spediamo** un biglietto di auguri.
6. Scriverò una lettera e **gli spiegherò** la situazione.
7. Lei non **ti vuole** bene perché non ha fiducia negli uomini.
8. Signor Rossi, **Le chiedo** un favore per mio figlio!
9. Signori, **vi garantisco** che la nostra è veramente un'offerta eccezionale.
10. Mamma, **ti prometto** di essere buono.

4
1. Non **mi sembra** per niente esagerato!
2. Certo che **ci darà** l'aumento, ma dal prossimo mese.
3. Ma che dici, **mi permettono** di rientrare tardi solo il sabato.
4. No, non **ci dispiace** affatto.
5. Se non si è fatto vivo, significa che la cosa non **gli interessa**.
6. **Ci telefonerà** verso le nove di sera.
7. **Le farò** avere le analisi alla fine della settimana.
8. **Ti risponderò** appena troverò un po' di tempo libero.
9. Purtroppo **non mi basta**.
10. Certo, direttore, penso che **Le faranno** proprio un gran bene!

5
1. Non **ti** ho spedito ancora i documenti.
2. Il parrucchiere **mi** ha tagliato i capelli corti corti.
3. Oggi l'insegnante **ci** ha ripetuto la lezione.
4. Quando sono venuti **gli** ho presentato i miei amici.
5. Il ministro ha ricevuto gli studenti che **gli** hanno esposto le loro ragioni.
6. Per il loro anniversario di matrimonio **gli** abbiamo mandato una pianta bellissima.

7. Non **gli** ho mai detto che **gli** voglio un sacco di bene!
8. Quella cura **vi** ha fatto veramente bene.
9. Maria **mi** ha proposto di passare le vacanze con lei.
10. Non **ti** ho mai creduto, non **ti** credo e non **ti** crederò mai.

6
1. Quando siamo andati da loro, **ci** hanno fatto gustare la loro cucina.
2. Quando hanno telefonato, io **gli** avevo già spedito i soldi.
3. Non **ci** hanno permesso di entrare, poiché lo spettacolo era iniziato.
4. Abbiamo raccontato tutto a Saverio e lui **ci** ha dato ragione.
5. Alberto **mi** ha proposto di andare a lavorare nella sua ditta.
6. Non è vero niente; non **gli** ho detto mai che tu eri un bugiardo.
7. Siamo andati da Gino e lui **ci** ha mostrato le fotografie della sua fidanzata.
8. Sappiamo che è un goloso e così **gli** abbiamo portato una confezione di *baci Perugina*.

7
1. Ho incontrato Aldo e Gianna e **gli** ho spiegato la situazione.
2. Ho ricevuto una lettera da Valerio e **gli** ho risposto subito.
3. Ieri era il compleanno di Stefania e **le** abbiamo mandato un mazzo di rose.
4. Loro non solo **ci** hanno fatto gli auguri per telefono, ma **ci** hanno anche inviato un bel regalo!
5. Ho incontrato Carlo e **gli** ho esposto il mio problema.
6. **Gli** hai detto di portare un altro bicchiere?
7. **Gli** ho raccontato tutto quello che sapevo!
8. Cari ragazzi, **vi** abbiamo spedito quello che **ci** avevate richiesto una settimana fa.

8
1. Non **mi sono piaciuti** i Suoi calzini.
2. No, **non mi sono piaciute** le statistiche, erano tutte sbagliate.
3. Sì, **ci è piaciuta** abbastanza, ma non è la fine del mondo!
4. **Non mi è piaciuto** affatto il suo modo di fare.
5. Sì, **ci sono piaciute** tantissimo: Antonella ha molto gusto!
6. Sì, **mi è piaciuto**.

9
1. **Le posso chiedere** un favore? / **Posso chiederLe** un favore?
2. Signori, **ci potete comunicare** la data precisa del vostro arrivo? / Signori, **potete comunicarci** la data precisa del vostro arrivo?
3. **Mi puoi portare** un altro piatto di spaghetti? / **Puoi portarmi** un altro piatto di spaghetti?
4. Professore, **ci vuole ripetere** l'ultima parte della lezione? / Professore, **vuole ripeterci** l'ultima parte della lezione?
5. Saverio, **mi devi parlare** proprio adesso? / Saverio, **devi parlarmi** proprio adesso?
6. Dottore, quando **Le posso telefonare**? / Dottore, quando **posso telefonarLe**?
7. Quando arriveremo, **vi potremo telefonare**? / Quando arriveremo, **potremo telefonarvi**?
8. Se vedo Marcello, **gli posso dare** la tua roba? / Se vedo Marcello, **posso dargli** la tua roba?

10
1. devo dare   Signor Berti, quanto **Le** devo dare per il Suo lavoro?

Unità 10

Progetto Italiano 1 - Guida e chiavi

                              Signor Berti, quanto devo dar**Le** per il Suo lavoro?
2. posso dire   Antonio, **ti** posso dire una cosa in privato?
                              Antonio, posso dir**ti** una cosa in privato?
3. voglio far capire   Caro Pippo, **ti** voglio far capire che non sempre hai ragione.
                              Caro Pippo, voglio far**ti** capire che non sempre hai ragione.
4. vuole restituire   Alessandra non **mi** vuole restituire la mia camicetta.
                              Alessandra non vuole restituir**mi** la mia camicetta.
5. devo telefonare   Marina, ma è possibile che **ti** devo telefonare sempre io!
                              Marina, ma è possibile che devo telefonar**ti** sempre io!
6. posso mandare   Signorina, dove **Le** posso mandare la Sua ordinazione?
                              Signorina, dove posso mandar**Le** la Sua ordinazione?
7. potrà proibire   Ragazzi, nessuno **vi** potrà proibire di partecipare al concorso!
                              Ragazzi, nessuno potrà proibir**vi** di partecipare al concorso!
8. potrà non piacere State attenti, perché la pizza napoletana **vi** potrà non piacere.
                              State attenti, perché la pizza napoletana potrà non piacer**vi**.
9. devo dire   Ascoltami un attimo, **ti** devo dire una cosa importante.
                              Ascoltami un attimo, devo dir**ti** una cosa importante.
10. posso presentare Permette, **Le** posso presentare mio marito?
                              Permette, posso presentar**Le** mio marito?

11
1. Marta, ti prego, **parla** un pochino più forte!
2. Carlo, **riporta** la macchina in garage!
3. Ragazzi, prima di uscire **chiudete** bene le finestre!
4. Questa sera **finisci** prima, voglio andare al cinema!
5. Se non ti piace il vestito grigio, **metti** quello blu!
6. Messaggio per Armando: **prendi** la moto e **vieni** al bar da Mario; siamo tutti lì per la partita!
7. Ennio, **ricorda** di prendere il latte e lo zucchero!
8. Ragazzi, **tornate** prima delle 11, altrimenti chi sente vostro padre!
9. Vi abbiamo fatto una domanda precisa, **rispondete** per favore!
10. Stiamo da una settimana chiusi in casa, **usciamo**!

12
1. Ragazzi, **entrate**; vi aspettavamo!
2. Sara, non **ascoltare** tutto quello che ti dicono!
3. **Vieni** subito; sono sola a casa!
4. **Va'** prima tu, io vengo dopo!
5. Ragazzi, **pagate**, perché non ho abbastanza soldi con me!
6. Tesoro, **cerca** nel cassetto della mia scrivania!
7. Gianni, **bevi** almeno un po' di latte!
8. Matteo, per favore, non **cantare**, sei molto stonato!
9. Ragazzi, **correte**, altrimenti perderemo il treno!
10. Piero, se vai alla posta, **spedisci** questa lettera per mia madre!

13
1. Vedo che mangi troppo; non **mangiare** tanto!

2. Marcello, non **andare** alla partita; resta un po' con me!
3. Noi guardiamo troppa televisione; oggi **facciamo** qualcosa di diverso!
4. Carlo, **aspetta**, ti vogliono al telefono!
5. Gianni, **corri** subito a casa, è arrivata la tua ragazza!
6. Ragazzi, prima di firmare, **leggete** bene il contratto!
7. Toni, **sali** sulla terrazza; il vento ha buttato giù l'antenna della tv!
8. Caro, **porta** il bimbo da tua madre!
9. Lavorate come dei pazzi: **prendete** qualche settimana di ferie!
10. Luca, ti prego, non **fare** sempre di testa tua!

14
1. Antonella, la bimba ha la febbre alta, **chiama** il medico!
2. Giorgio, **bevi** un altro bicchiere di vino con noi!
3. Questa volta non hai nessuna scusa, **vieni** a cena con noi!
4. Ragazzi, con tutto questo rumore non riesco a studiare; **fate** silenzio!
5. Cara, non **usare** il cellulare così spesso!!
6. Ma non ti vergogni? **Compra** un'altra macchina!
7. Ragazzi, io sono molto occupato, **accompagnate** voi Carla alla stazione!
8. Ti prego, non **perdere** la calma!
9. **Presta** la macchina a tuo figlio! Ormai è un ragazzo maturo.
10. Se non ti piace la musica classica, **ascolta** questo disco di Zucchero!

15
1. Carlo, vieni o resti? **Deciditi**!
2. Ma come vai in giro così? **Vestiti** meglio!
3. State insieme da nove anni: ma che aspettate, **sposatevi**!
4. Ragazzi, **svegliatevi** presto, altrimenti perderemo l'aereo!
5. È tardi: **fatti** la barba e scendi subito!
6. Siete veramente stanchi; **prendetevi** qualche giorno di vacanze!
7. È tutta la giornata che stai in giro; **riposati** qualche ora!
8. Bambini, **lavatevi** i denti e andate a letto!
9. Adesso che andrai in vacanza, **divertiti**!
10. Se non andate d'accordo, **lasciatevi**!

16
1. **Lasciala** sul tavolo!
2. **Compriamone** due litri!
3. Se puoi, **accompagnami** tu!
4. **Invitali** pure!
5. **Vendilo**, così prenderai qualche soldo!
6. **Spediamone** duecento.
7. **Aspettateci** al bar!
8. Sì, **mettila** in garage!
9. Sì, **svegliamolo**!
10. **Chiamami** alle nove, sarò a casa!

Unità 10

17
1. **Portiamogli** una bottiglia di vino!
2. **Comprale** un bel diamante!
3. **Telefonategli** voi!
4. No, **telefonaci** a casa!
5. **Parlagli** tu!
6. **Offriamogli** un cappuccio!
7. **Mandiamogli** delle cartoline!
8. No, **preparala** da solo!!
9. **Rispondigli** domani!
10. **Raccontateci** come avete trascorso questi giorni.

18
1. Vuoi restare a Milano? A **Restaci**!
   B **Non restarci**! Fa molto freddo.
2. Devi telefonare a Carla? A **Telefonale**!
   B **Non telefonarle**! Non sarà a casa.
3. Posso portare le mie amiche? A **Portale**!
   B **Non portarle**! Saremo tutti uomini.
4. Posso prendere la tua macchina? A **Prendila**!
   B **Non prenderla**! Non va bene.
5. Devi invitare i tuoi amici? A **Invitali**!
   B **Non invitarli**! Si annoieranno.
6. Vuoi mangiare anche la torta? A **Mangiala**!
   B **Non mangiarla**! Ingrasserai.
7. Vuoi prendere il treno delle sei? A **Prendilo**!
   B **Non prenderlo**! È un diretto.
8. Devi scegliere un vestito da sera? A **Scegline** uno in nero!
   B **Non sceglierne** uno in nero! È troppo serio.

19
1. Angela, **va'** da tua madre, ti aspetta!
2. Rosa, per favore, **da'** una mano a tuo fratello!
3. Mi trovo in un grosso guaio: **fa'** qualcosa, aiutami!
4. Stefano, **sii** più ragionevole!
5. Ragazzi, **abbiate** fiducia in me!
6. Luisa, **di'** ai bambini di non fare troppo rumore!
7. Antonella, **sta'** ferma!
8. Non stare muta, **di'** qualcosa!
9. Gino, **abbi** pazienza, tutto finirà bene!
10. Ragazzi, **siate** prudenti!

20
1. Paolo, **dacci** una mano a finire questo lavoro.
2. **Fammi** vedere quanto sei bravo in matematica!
3. Ti prego, **stammi** a sentire, è una cosa seria!
4. Elsa, **dicci**, che cosa hai?

Unità 10

5. **Facci** sentire l'ultimo cd di Nek.
6. **Dammi** almeno i soldi che ti ho prestato!
7. Adesso **stacci** a sentire tu!
8. **Dimmi** come sono andate le cose!
9. Ma **fammi** un piacere, non dire tante bugie!
10. Ieri sono andato io al supermercato, oggi **vacci** tu!

21
1. Mamma, non stare **in** pensiero, tornerò prima **di** mezzanotte.
2. Marcello ha comprato una macchina **di** seconda mano **da** un suo amico: non è per niente contento **di** questa sua scelta.
3. Se è una cosa molto importante, posso passare prima **da** te e poi andare **allo** stadio **per** vedere la partita **della** Nazionale.
4. Avrai lasciato il libretto **degli** assegni **sul** tavolo **della** cucina.
5. Non puoi contare sempre **sugli** amici; ogni tanto devi fare qualcosa **da** solo.
6. Se arriverai prima **di** me, prenota una stanza accanto **alla** tua.
7. Ragazzi, sono d'accordo con voi, ma **per** andare **al** mare dobbiamo **per** forza invitare Giuliana: è la sola **tra** noi **ad** avere una macchina.
8. La sua camera **da** pranzo è molto grande.
9. Non sono sicuro **di** avere **con** me tutto questo denaro!
10. Se proprio vuoi, possiamo fermarci **alla** prossima stazione **di** servizio **per** fare benzina e mangiare qualcosa.

22
1. Non sono mai stato **dalle** tue parti.
2. Gianni è tornato ieri **dal** Marocco.
3. Sono indeciso se partire adesso o **fra** un mese.
4. Ti aspetto **in** ufficio **alle** otto.
5. **Nel** periodo **degli** esami sono sempre molto preoccupato.
6. Finisco **di** lavorare tardi.
7. Mi interessa molto il pensiero **delle** persone care.
8. Vivo **in** un piccolo paese.
9. Verrò **con** un aereo militare.
10. Hanno regalato a Sofia un bel servizio **da** caffè.

23 Ascolto

A pagina 131 del Libro degli esercizi. Visto che la civiltà di questa unità è relativa anche alla stampa italiana abbiamo pensato di dare delle informazioni sulle riviste più importanti. Faccia ascoltare il brano due volte per ogni attività. Le risposte sono:

a: *2 e 3*

b:
rivista	contenuto	settim. / mens.	lingua
Panorama	attualità, politica, economia	✓	*difficile*
L'Espresso	attualità, politica, economia	✓	difficile
il Mondo	attualità, politica, economia		*difficile*

Unità 10

rivista	contenuto	settim. / mens.	lingua
Europeo	attualità, politica, economia		**difficile**
Max	**moderno**	✔	difficile
King	**moderno**	✔	linguaggio giovanile
Donna moderna	**moda, costume, attualità**	✔	**lingua facile**
Gulliver	*viaggi*		
Famiglia Cristiana	religione		
Sorrisi e canzoni tv	programmi televisivi	✔	
Vogue	moda	✔	
Grazia	moda	✔	
Abitare	**arredamento**		

Ecco il dialogo:
ragazza: Professore, posso chiederLe una cosa?
insegnante: Certamente.
ragazza: Dunque, visto che in estate avrò tempo libero, penso di cominciare a leggere riviste italiane. Lei che ne pensa?
insegnante: Farai molto bene, anche se all'inizio non sarà facile.
ragazza: Cioè, non capirò proprio niente?
insegnante: Come no!? Però non devi avere la pretesa di capire tutto. Sicuramente come pratica sarà ottima e, nello stesso tempo, imparerai tante cose sulla realtà italiana.
ragazza: Bene. Allora, quali riviste mi consiglia?
insegnante: Non so, dipende anche dai tuoi interessi. Per esempio, conosci *Panorama* e *L'Espresso*: sono i settimanali più noti. Lì puoi trovare di tutto: attualità, politica, economia. La lingua però non è tanto facile. Lo stesso vale per *il Mondo* e l'*Europeo*.
ragazza: Ho capito. Qualcosa di meno pesante?
insegnante: ...*Max* è molto moderno, ...*King* lo stesso. Queste due usano un linguaggio giovanile che non è molto facile. Escono ogni mese e credo che ti piaceranno.
ragazza: Riviste femminili ce ne sono?
insegnante: Certo: io ti consiglio anzitutto *Donna moderna* che non solo è interessante, ma è anche abbastanza facile. Esce ogni settimana e si occupa di tutto: moda, costume, attualità ecc..
ragazza: Perfetto; che altre mi può suggerire?
insegnante: Vediamo: ...c'è il *Gulliver* che si occupa di viaggi ecc., ...*Famiglia Cristiana* capisci di cosa si tratta, ...*Sorrisi e canzoni TV*, con tutti i programmi televisivi della settimana; poi riviste di moda come il mensile *Vogue* e il settimanale *Grazia*, ...di arredamento come *Abitare* ...e tante altre che ora non ricordo.

TEST FINALE

A 1. **a.** Fammi un piacere, vammi a prendere un'aspirina!
2. **b.** Ragazzi, non andate via, restate ancora un po'!

3. **c.** Gianni, questa volta mi devi sentire!
4. **a.** Dimmi la verità: anche questa sera hai bevuto!
5. **a.** Luca, non fare tanto rumore quando rientri!
6. **b.** Stefano, sii coraggioso!

B
1. Amore, per il tuo compleanno **ti regalerò** un bracciale.
2. Quando mio figlio è lontano, **mi manca** molto!
3. Professore, **ci può** spiegare di nuovo i pronomi indiretti?!
4. Ragazzi, oggi è il compleanno di Stefano: **gli facciamo** una sorpresa?
5. Ragazze, **ci presentate** quella vostra amica danese?
6. Direttore, **Le darò** subito il numero di telefono di Madrid.
7. Vittorio, cosa **ci consigli** di fare?
8. Sono certo che il mio regalo **le piacerà** sicuramente.
9. Ogni anno a Natale Mario **ci porta** un panettone e una bottiglia di spumante.
10. Se questo vestito **ti piace**, lo puoi prendere.

C
1. Se non puoi aspettare, **vacci** da solo!
2. Ragazzi, **accomodatevi** nel salone!
3. Anna, per favore, **portami** un bicchiere d'acqua!
4. Carlo, non **smettere**; è una storia molto interessante!
5. Luisa, Marcello, **sbrigatevi**, il film sta per iniziare!
6. Marco, questa volta **stammi** bene a sentire!
7. Ti prego, **finisci** al più presto, perché siamo in ritardo!
8. Piero, **sta'** fermo un minuto!
9. Questa sera non posso: se puoi, **chiamami** un altro giorno!
10. **Fa'** pure come ti pare, io non ti seguirò!

D Cruciverba

1. Concorso
2. Statale
3. Uguale
4. Telecomando
5. Settimanale
6. Quotidiano
7. Documentario
8. Sfruttare
9. Puntata
10. Titolo

Unità 11

Progetto Italiano 1 - Guida e chiavi

Il condizionale è l'ultimo dei fenomeni grammaticali principali di Progetto Italiano 1. Argomento culturale è la musica e, in particolare, quella italiana.

LIBRO DEI TESTI

1 Prima di ascoltare il brano si potrebbe discutere di musica, concerti cui gli studenti erano presenti, quanto è difficile trovare dei biglietti ecc.. Le risposte giuste sono: *1f, 2f, 3f, 4v.*

3 Non si dovrebbe insistere ancora sull'uso corretto del condizionale. Basta che gli studenti dimostrino di aver capito il testo.

4 Questo testo è la continuità di quello precedente. L'ordine esatto dei verbi è: *vorresti, vorrei, potrebbe, piacerebbe, preferirei, divertiremmo, farebbe, potremmo.*

6-7 Nella prima scheda viene presentato il condizionale semplice regolare delle tre coniugazioni. Dopo un breve esercizio orale si passa alle irregolarità che non dovrebbero creare molti problemi una volta ricordate quelle del futuro. Abbiamo ritenuto opportuno far esercitare subito gli studenti sul condizionale usando anche i verbi irregolari visto che sono molti e importanti.

8 La grammatica si mette da parte anche se si continua ad applicarla! Le quattro pagine che seguono non sono altro che gli usi del condizionale semplice, quindi un modo comunicativo per praticare le nuove forme grammaticali. Le suggeriamo, come al solito, di dare tutte le spiegazioni necessarie dopo aver ottenuto le risposte dagli alunni. L'uso del condizionale per esprimere un desiderio ("andrei al cinema") richiederà, comunque, probabilmente abbastanza pratica fino ad essere capito esattamente, per cui viene presentato per primo. Ciò servirà a Lei per capire quanto sia chiaro l'argomento agli studenti e a questi ultimi che, grazie alle Sue spiegazioni, avranno fatto innumerevoli tentativi di applicazione della regola.

9 Lavori come suggerito nelle unità precedenti. Le suggeriamo di fare parlare quanti studenti possibile e di proporre anche altre situazioni (oppure di far proporre agli studenti).

10-11 Chiedere qualcosa in modo gentile non dovrebbe, invece, creare delle difficoltà. Lavori come appena suggerito.

12-13 Si passa ad un'altra funzione comunicativa, presentata in una maniera leggermente diversa. Gli studenti prima leggono il testo (magari ad alta voce, 'recitandolo') e poi rispondono alle domande. Le risposte sono: *1f, 2v, 3f, 4f, 5v.* In seguito, fanno un (o più) role-play utilizzando le espressioni relative. In più, come compito scritto potrebbero immaginare un intero dialogo per una (o più) delle situazioni. Potrebbe fare anche un'altra attività ludica: con dei cartoncini di colore diverso scriva o faccia scrivere ad un gruppo dei desideri o un problema (cartoncino rosso) e all'altro gruppo dei consigli o suggerimenti (cartoncino verde). Dopodiché gli studenti devono leggere prima un desiderio o un problema e trovare il consiglio e il suggerimento più adatto. Quest'attività la può fare anche per i punti 10 e 11.

Progetto Italiano 1 - Guida e chiavi

Unità 11

14-15 Altre due funzioni comunicative che non vengono spesso usate dagli studenti d'italiano, specie la seconda. Dovrà, forse, citare anche altri esempi. Le consigliamo di leggere Lei le battute cercando di spiegarle come può (ricorrendo, se necessario, alla lingua madre) e poi lasciarli provare a fare il n. 15. Le risposte sono: *1. dovrebbero essere* (ricordi loro, se vuole, che anche il futuro andrebbe bene lo stesso), *2. coinvolgerebbe, 3. tornerebbe, 4. si incontrerebbero, 5. dovrebbe avere, 6. dovrebbe cominciare.*

16 A questo punto facciamo un intervallo per presentare il nuovo vocabolario relativo all'argomento centrale dell'unità, ma soprattutto per dare agli studenti l'opportunità di saperne di più su artisti italiani (di cui forse non ne conoscono nemmeno il nome). A lei, dunque, la facoltà di aggiungere tutti i particolari che riterrà necessari. Le combinazioni esatte sono: *1. cantautore, 2. tournée, 3. versi, 4. suona, 5. voci, 6. gruppo, 7. festival, 8. l'autore, 9. l'interprete, 10. duetto.*

17 Passiamo al condizionale composto, presentato attraverso un dialogo che potrebbe essere la continuità dei due testi introduttivi dell'unità. Supponiamo che comprendendolo gli studenti cominceranno a capire anche l'uso di questo tempo. Le affermazioni sono: *3, 4 e 5.*

18 Scopo di questo esercizio è dare la possibilità agli studenti di misurarsi sul funzionamento del condizionale e su come si forma e, nello stesso tempo, farglierne vedere l'uso, presentato e spiegato in seguito.

19-20 Prima una serie di battute e poi un esercizio orale che cerca di mettere in evidenza la differenza tra i due tempi. Ci vuole il condizionale composto nelle frasi *n. 1, 4, 6 e 8.* Gli esercizi scritti vengono più avanti.

21-22 Un altro caso, una variazione di quanto visto prima, che forse necessita più spiegazioni in quanto un tantino più complicata. Ci vuole il composto nelle frasi *n. 1, 4, 5 e 7.* Può, se vuole, dire ai Suoi alunni che nella lingua parlata (soprattutto) si usa anche il condizionale semplice per un desiderio non realizzabile nel futuro. Può, per esempio, far inventare agli studenti delle frasi, oppure scrivere alla lavagna frasi da far costruire.

23 Le suggeriamo di non svolgere questa attività in coppia, ma individualmente; in tal modo le forme sbagliate si possono correggere subito e quelle giuste si possono ripetere.

24-25 Ultima funzione del condizionale composto quella di esprimere il futuro nel passato, presentata prima nel dialogo e poi nella scheda che segue. Visto che si tratta di uno dei casi della concordanza dei tempi che gli studenti d'italiano sbagliano spesso, potrebbe insistere proponendo magari frasi da tradurre in italiano.

26 Si riprende il vocabolario relativo alla musica. Le suggeriamo di spiegare la parole sconosciute solo alla fine. Estranee (ma sempre relative all'argomento) sono le parole: *1. album, 2. discoteca, 3. batterie, 4. stazione radio, 5. cinema.*

107

Unità 11

27 Una revisione dei due tempi attraverso la messa in evidenza delle loro differenze. È un'occasione per riflettere o per far ben memorizzare la differenza fra il condizionale presente e il condizionale composto, magari invitando gli studenti ad una discussione su questi due fenomeni.

28 Ascolto Veda più avanti, nel Libro degli esercizi

LIBRO DEGLI ESERCIZI

1
1. **Saremmo** felici di vedervi.
2. **Sarei** disposto a pagare.
3. **Avreste** bisogno di un prestito?
4. **Saresti** disponibile dopo cena?
5. **Sarebbe** pronto fra una settimana?
6. **Avrei** una certa fame.
7. **Sarebbero** contenti di venire con noi?
8. **Avresti** una penna da prestarmi?
9. **Avrebbe** un attimo libero?
10. **Avrebbero** una storia interessante da raccontare.

2
1. **Capirei** meglio, ma tutti parlano velocemente.
2. Non ho una bella voce, altrimenti **canterei**.
3. **Aspetterei**, ma rischio di perdere il treno.
4. Io **direi** di partire subito.
5. Dobbiamo finire questo lavoro, altrimenti **partiremmo** con voi.
6. **Ordinerei** una pizza, ma so che stai a dieta.
7. Sono tanto allegro che **ballerei** fino a domani mattina.
8. Per noi è difficile scendere in centro: **preferiremmo** incontrarvi a casa nostra.
9. **Sentirei** volentieri l'ultimo disco di Vasco Rossi.
10. È tardi, altrimenti **mangerei** un bel piatto di carbonara.

3
1. **Vedremmo** volentieri la cassetta del vostro matrimonio.
2. Scusi signora, **potrebbe** dirmi che ore sono?
3. **Darei** tutto quello che ho per vederti felice!
4. Non **vorrei** insistere, ma non hai ragione!
5. **Dovreste** ascoltare i consigli di vostro padre!
6. Al tuo posto non **saprei** proprio cosa fare.
7. Stiamo veramente bene qui che non **andremmo** via mai!
8. Voi **vivreste** in una città tanto caotica?
9. **Verremmo** volentieri, ma abbiamo promesso a Maria di andare da lei.
10. Mamma, **terresti** il bambino stasera?

4
1. Sono tanto stanco: oggi **resterei** a casa.
2. Signorina, **verrebbe** a cena con me?
3. Antonio, **andresti** in camera mia a prendermi il vestito nero?
4. Ragazzi, **potreste** smettere di parlare tutti insieme?
5. Cosa **avresti** di tanto importante da dirci per telefonarci a quest'ora?
6. Mio padre **abiterebbe** volentieri in una città vicino al mare.

7. Mi hanno detto che **vorreste** comprare una villa sul Gargano.
8. Io **trascorrerei** volentieri le vacanze in un'isola greca.
9. Da quanto hanno detto, lo sciopero **dovrebbe** finire domani.
10. Ci hanno fatto sapere che **sarebbero** felici di ospitarci per qualche settimana.

5
1. **Avrei** voglia di passare qualche ora con te.
2. **Preferirei** affrontare il problema da solo.
3. **Sarebbe** fantastico poter partire insieme.
4. **Andrei** volentieri per qualche settimana a Roma.
5. **Avreste** voglia di qualche pazzia?
6. **Preferirei** prendere le vacanze in agosto.
7. Vi **piacerebbe** fare un giro in barca con me?
8. **Andreste** a prendermi un bicchiere d'acqua?

6
1. **Ci piacerebbe trascorrere** le vacanze a Capri.
2. Ci **andrei**, ma non ho la macchina.
3. **Vorremmo**, ma non siamo bravi.
4. **Preferiremmo** una ragazza bella e intelligente.
5. Più che di una gita in montagna, **avrei** voglia di una settimana in montagna.
6. Certo che **sarebbe bello**.

7
1. **Potreste** passare da Anna che non sta bene?
2. Signora Teresa, **mi potrebbe** avvisare quando arriva il postino?
3. Ottavio, **ti dispiacerebbe** abbassare il volume della radio?
4. Ragazzi, **potreste** andare a ritirare il mio vestito dalla lavanderia?
5. Signore, **mi saprebbe dire** dove posso trovare una farmacia aperta?
6. Alberto, **ti dispiacerebbe** invitare anche la mia fidanzata alla tua festa?
7. Marco, **potresti passare** tu da Stefano?
8. **Mi presteresti** per qualche giorno il tuo motorino?
9. Signore, **Le dispiacerebbe** mettere la Sua firma qui in fondo?
10. Direttore, mi **darebbe** il numero del Suo cellulare?

8
1. Siete molto giovani per sposarvi; io al vostro posto **proverei** prima con la convivenza.
2. Prima di prendere una decisione tanto seria, **dovresti** almeno parlarne con i tuoi.
3. Lo so che hai ragione, ma io **ti consiglierei** di pagare.
4. Anna, se il dolore continua, **faresti bene** ad andare da un medico.
5. Per farti perdonare, **dovresti** mandarle un mazzo di rose rosse.
6. Per mostrare la nostra gentilezza, **sarebbe** giusto telefonare a casa sua.
7. Ragazzi, gli esami si avvicinano: **fareste bene** ad aprire qualche libro!
8. Se nella tua fabbrica sono cominciati i licenziamenti, **potresti** da ora cercarti un nuovo lavoro!
9. Ragazzi, **vi consiglierei** di prendere con voi qualche maglione.
10. Secondo me, loro **dovrebbero** cercare altrove.

Unità 11

9
1. Quando dovremmo essere in città?
2. Fino a quando sarebbe in vacanza il medico?
3. Quando dovrebbe passare l'autobus per il centro?
4. Quando potresti riprendere a giocare?
5. Quale sarebbe la causa della disgrazia?
6. Chi potrebbero essere i fortunati vincitori della crociera?
7. Quando arriverebbe la famosa cantante all'aeroporto di Fiumicino?
8. Come sposerebbe il primo ministro la sua segretaria?

10
1. **Avrei aspettato**, ma devo ritornare a casa.
2. L'**avrei comprato**, ma non ho i soldi.
3. L'**avrebbe arrestato**, ma è scappato all'estero.
4. L'**avrei preso**, ma ne ho mangiato uno poco fa.
5. **Sarebbe venuta**, ma il fidanzato non la lascia venire.
6. **Sarei rimasto**, ma mi aspetta mia madre.
7. L'**avrei invitata**, ma non so ballare per niente.
8. Ci **saremmo andati**, ma c'è lo sciopero dei traghetti.
9. L'**avremmo guardata**, ma il mio televisore è rotto.
10. Ne **avrei avuto** voglia, ma faccio la dieta.

11
1. No, era chiaro che non lo **avremmo firmato**.
2. L'**avrei vista**, ma conoscevo il finale.
3. L'**avrei scritta**, ma sono stata due ore dal direttore.
4. L'**avremmo aperta**, ma fa un freddo cane.
5. No, secondo me **avresti fatto** bene a rimanere.
6. No, ma l'**avrei vista** con piacere.
7. **Ti avremmo portato** volentieri, ma siamo già tanti in macchina.
8. Gli **avremmo offerto** un'aranciata, ma erano finite.
9. **Vi avremmo aspettato**, ma era già molto tardi e siamo andati via.
10. **Sarebbe tornato** la settimana scorsa, ma ancora non l'abbiamo visto.

12
1. Ero certo che l'anno seguente **avrei studiato** più seriamente.
2. Mi ha assicurato che **sarebbe venuto** al concerto con me.
3. I suoi familiari **sarebbero arrivati** il giorno dopo.
4. Mi ha promesso che **sarebbe ritornato** prima delle due.
5. Ho sentito alla radio che **ci sarebbe stato** uno sciopero.
6. Aveva promesso che **ci avrebbe aiutato**, ma poi è sparito.
7. Ero certo che Mario e Rosa **mi avrebbero invitato**.
8. **Avrei capito** meglio, ma ero lontano e non sentivo bene.
9. **Mi sarei sposato** il mese passato, ma non riesco a trovare casa.
10. Tu **avresti fatto** questa terribile cosa?

13
1. **Gli avrei prestato** volentieri la mia macchina, ma era senza benzina.

2. Non sapevo niente, altrimenti **vi avrei dato** le chiavi di casa mia.
3. Noi **avremmo abitato** volentieri in una villa così bella!
4. **Avreste sentito**, ma eravate seduti in fondo.
5. Non sapevamo che **saresti uscito**, perciò ti abbiamo chiamato.
6. Penso che tu non **saresti rimasto** con tutta quella confusione.
7. Io **sarei stato** felice di conoscere i tuoi.
8. Loro **avrebbero comprato** una barca più grande, ma non avevano un posto dove metterla.
9. Voi **avreste avuto** il coraggio di passare da una strada così buia?
10. Laura aveva capito che Roby **avrebbe mangiato** due pizze da solo.

14
1. **Avrei visto** la trasmissione, ma ero fuori casa.
2. **Saremmo andati via**, ma l'ambiente ci piaceva tanto.
3. **Avrei scritto** la lettera, ma era finita la carta.
4. **Avrei preso** il caffè, ma la macchinetta non funzionava.
5. **Avremmo invitato** Sergio, ma non siamo riusciti a trovarlo.
6. **Mi sarei divertito**, ma non c'erano i miei amici.

15
1. Paola **avrebbe portato** i suoi appunti, ma li ha persi.
2. **Avrebbe dovuto** dire la verità a tutti i costi!
3. **Avrei mangiato**, ma non avevo fame.
4. **Avrei messo** la nuova, ma non era stirata.
5. **Avremmo telefonato**, ma erano le due passate.
6. **Sarebbe partito** ieri, ma è ancora in ufficio.

16
1. **Avrei tenuto** il bambino, ma ho paura di fargli male.
2. **Avrei mangiato** un dolcino ancora, ma faccio la dieta.
3. Ero certo che **avrei passato** una giornata meravigliosa, ma non potevo venire.
4. **Avrei rivisto** il film di Bertolucci, ma è troppo malinconico.
5. **Ci saremmo divertiti** anche senza andare in discoteca.
6. **Avrei finito**, ma nessuno mi ha aiutato.

17
1. **Saremmo arrivati** prima, ma non abbiamo preso l'aereo.
2. **Ti avrei telefonato**, solo che non ho trovato il tuo numero di telefono.
3. **Avrei bevuto** un'altra birra, ma non ce n'erano.
4. **Vi avrei portato** al mare, ma il tempo non è cambiato.
5. Pensavo che **avrebbero gradito** la nostra visita.
6. **Avrebbe studiato** meglio in una casa meno rumorosa.

18
1. A me Lucio ha detto che **sarebbe ritornato** presto, ma ancora non è arrivato.
2. Ero sicuro che **ti saresti divertito** come un pazzo e invece, da quello che dici, ti sei annoiato da morire.
3. Nel nostro ultimo incontro Ennio ha ripetuto che **avrebbe cercato** un lavoro.

Unità 11

4. Eravamo certi che la prossima settimana **avremmo potuto prenderci** una giornata libera.
5. Secondo gli esperti, quel caldo **sarebbe finito** il giorno dopo, invece il termometro non è sceso.
6. **Ti avrei offerto** un caffè, ma sono rimasto senza zucchero.

19
1. Credevi che a quell'ora **sarebbero stati** a casa, ma io sapevo che erano fuori.
2. Insistevo perché sapevo che non **avremmo avuto** un'altra occasione tanto favorevole.
3. Non capivo perché **avresti trovato** Chiara antipatica; anzi è molto carina.
4. **Sarei venuto**, ma ho promesso a Laura di portarla al mare.
5. Signora, **Le sarebbe dispiaciuto** non partecipare alla manifestazione di ieri?
6. Non sapevo quando **ci sarebbero stati** gli esami, tanto non mi interessava.

20
1. Mi dispiace, signora: **avrei accettato** con piacere la Sua offerta, ma non posso davvero rimanere.
2. Dopo pranzo **avrei voluto** riposarmi un po', ma i miei figli facevano un sacco di rumori.
3. Signorina Carla, **Le dispiacerebbe** passarmi i disegni che sono sulla Sua scrivania?
4. Signor Antonucci, **sarebbe** così gentile da accompagnare anche i miei figli a scuola?
5. Sono molto preoccupata: Pippo mi ha promesso che **sarebbe passato** a prendermi l'altro ieri, ma da allora non si è fatto più vivo.
6. È da tanto tempo che non vedo un film italiano: **ne avrei rivisto** uno volentieri, ma ai miei amici non piace il cinema.
7. Ragazzi, **avreste** dieci euro da prestarmi?
8. Signora, mi scusi, **saprebbe** dirmi se c'è un telefono qui vicino?

21
1. Vedo che il tempo non cambia: secondo me, **sarebbe** meglio rimandare il viaggio.
2. Ragazzi, è arrivata una macchina: **potrebbe** essere quella di vostro padre.
3. Gianni, hai tempo per ascoltarmi? **Avrei** una cosa da dirti.
4. Sono a piedi: **potresti** venire a prendermi domani verso le nove?
5. Nicola **mi avrebbe fatto** il favore, ma in quel periodo era all'estero.
6. **Avrei voluto** cambiare la mia moto con una più grossa, ma non ne ho trovata ancora una in buone condizioni.
7. No, grazie, non bevo vino, ma **berrei** volentieri una limonata.
8. Ettore, non sai cosa **darei** per poterti aiutare, ma devi credermi, la situazione è veramente difficile!

22
1. Eri l'unica a credere che i ragazzi **sarebbero stati** contenti se andavamo a trovarli!
2. Roma, la città eterna, mi piace come nessun'altra: **ci sarei rimasto** per tutta la vita, ma purtroppo sono sposato con un'argentina!
3. Ormai è tardi; **direi** che **sarebbe** meglio fare il viaggio di giorno: si guida meglio e ci si stanca meno!
4. Mamma, **mi terresti** il bambino? Devo assolutamente andare in banca.
5. Andate a ballare stasera? **Ci sarei venuto** anch'io, ma ho invitati a cena.
6. Domenica prossima **avrei fatto** questa gita con voi, ma purtroppo non potrò venirci, perché sarò in Norvegia.
7. Quest'anno **avrei passato** volentieri le vacanze al mare, ma mia moglie, d'accordo con i miei figli, ha già deciso per le vacanze esotiche.
8. Domani mattina **preferirei** rimanere a casa.

Progetto Italiano 1 - Guida e chiavi

Unità 11

23
1. Ma mi avevi detto che il vestito sarebbe stato pronto **per** domani!
2. Siamo **a** Firenze **da** parecchi giorni, ma non siamo ancora riusciti **a** vedere la Galleria degli Uffizi.
3. Il mio sogno sarebbe quello di andarmene **in** giro **per** le più belle città d'Italia.
4. Soltanto dopo molto tempo è arrivata la cartolina che ci hai spedito **da** Capri.
5. Quando scendete, fate attenzione a non lasciare niente **sul** treno!
6. È meglio se andiamo **a** piedi; a volte una passeggiata fa bene!
7. Telefona a tua madre, altrimenti starà **in** pensiero.
8. **Per** il tuo onomastico ti regalerò una borsa **di** pelle o un costume **da** bagno.
9. Come è bello il tuo abito **da** sera! **In** quale negozio l'hai comprato?
10. Mi può accompagnare **alla** stazione **degli** autobus?

24
1. Avete telefonato **a** Maria **per** dirle che passeremo **da** lei **fra** poco?
2. Per molti anni ho abitato **in** un appartamento **al** secondo piano **con** una grande terrazza.
3. **In** una boutique **del** centro ho visto una bella gonna **a** fiori.
4. Buongiorno, avrei bisogno **di** un servizio **da** caffè **di** porcellana.
5. Non sono mai riuscito **a** capire **per** quale motivo Marta si era innamorata **di** Vittorio, che non era **per** niente bello.
6. Non vorrei sbagliarmi, ma mi sembra **di** averti già visto **da** qualche parte.
7. Siccome non ho niente **da** fare, ti devo aiutare **a** preparare qualcosa?
8. Va bene, ma questo non ha niente **a** che vedere **con** quello che dicevamo!
9. Vedi quella signora **dai** capelli rossi? Si è separata **dal** marito perché era troppo geloso.
10. Vogliamo vendere la casa **al** mare, e **per** questo abbiamo messo un annuncio **sul** giornale.

25 Ascolto

A pagina 145 del Libro degli esercizi. Il brano può dare avvio ad una discussione sulla musica italiana degli anni '60 e '70, visto che "Conosciamo l'Italia" è dedicata a quella contemporanea. Lo faccia ascoltare almeno una volta per ogni esercizio. Le risposte sono: **a**: *1a, 2b, 3a, 4c.*

b:

Canzone	Artista
Il cielo in una stanza	Gino Paoli
Questo piccolo grande amore	Claudio Baglioni
Sapore di sale	**Gino Paoli**
In ginocchio da te	Gianni Morandi
Il ragazzo della via Gluck	Adriano Celentano
Anna	**Lucio Battisti**
E penso a te	Lucio Battisti
L'anno che verrà	**Lucio Dalla**
Vita spericolata	**Vasco Rossi**
Penso positivo	Jovanotti
Farfallina	Luca Carboni

113

Unità 11

Ecco il dialogo:

padre: Ma come fai ad ascoltare queste canzoni? Sembra musica della giungla!

figlio: Papà, ti prego, non cominciare. È solo l'ultimo disco di Jovanotti: musica rap con influenze africane.

padre: Ecco, vedi? Ai miei tempi, quella sì che era musica: italiana al cento per cento.

figlio: Italo americana vuoi dire.

padre: Ma che dici? "*Il cielo in una stanza*" di Gino Paoli, per esempio, ...oppure "*Questo piccolo grande amore*" di Baglioni a te non sembrano italiane?

figlio: Sì, però Paoli cantava anche "*Sapore di sale*", che secondo me ricorda le canzoni americane di quel periodo; per non parlare delle prime canzoni di Celentano o di Morandi.

padre: Non mi dire che non ti piace "*In ginocchio da te*" di Morandi, ...oppure "*Il ragazzo della via Gluck*" di Celentano. ...Poi canzoni come "*Anna*", ..."*E penso a te*" di Battisti, "*Piazza grande*", "*L'anno che verrà*" di Dalla, o le canzoni di Mina, di Venditti, di Patty Pravo...

figlio: Sì, ...però tutte canzoni lente, ...tristi.

padre: Ma scusami, per te la musica è solo quella veloce, da ballo? I versi non contano?

figlio: Certo che contano: ma i cantanti moderni quando parlano d'amore lo fanno in un modo originale. Come fa Eros, Pausini, Mango. E poi si occupano anche di cose attuali: dei rapporti interpersonali, dei problemi dei giovani, come fa Vasco Rossi in "*Vita spericolata*", ...Jovanotti in "*Penso positivo*", ...Carboni in "*Farfallina*" e tanti altri. E se ascolti con attenzione, vedrai che i versi sono bellissimi. Non sono come quei ritornelli degli anni '60 che ripetevano gli stessi versi.

Test finale: veda i suggerimenti dell'unità introduttiva.

Conosciamo l'Italia

Queste due pagine non possono dare che una visione molto generale della musica italiana. Le suggeriamo, visto che il libro è finito, di dedicarsi quanto possibile all'ascolto delle canzoni citate e, naturalmente, quelle che piaceranno ai Suoi alunni, recenti o meno che siano. Le risposte esatte sono: *1b, 2a, 3c, 4a.*

TEST FINALE

A
1. Mi ha detto che **sarebbe venuto** e invece non è venuto.
2. Carlo, **mi faresti** una cortesia? **Andresti** un attimo in farmacia a prendermi delle medicine?
3. Perché non stai attento? Questa volta non è successo niente, ma **avresti potuto** anche farmi male!
4. Signora, **sarebbe** così gentile da dirmi che ora è?
5. Se non ti dispiace, **berrei** volentieri un'aranciata.
6. A Giulio non piaceva il cantante, altrimenti sono sicuro che **avrebbe trovato** i biglietti!
7. Marco, **gradiresti** un caffè freddo?
8. Ma Sandra non doveva partire ieri? Sì, **sarebbe dovuta** partire ieri, ma all'ultimo momento ci ha ripensato ed è rimasta.
9. Invece di guardare cosa fanno gli altri, **potresti** occuparti dei fatti tuoi!
10. Tutti mi dicevano che l'esame non **sarebbe stato** tanto difficile!

Unità 11

11. Io **direi** di non dare ascolto a queste voci.
12. Avevo un terribile mal di testa, altrimenti **sarei uscito** con voi.

B
1. **a**. Mi avrebbe fatto piacere conoscere i tuoi amici, ma erano andati via.
2. **c**. Ero sicuro che tu avresti potuto aiutarmi.
3. **a**. Signora, Le vorrei chiedere un favore!
4. **a**. Lucio ha detto che mi avrebbe portato le cassette questa sera e non le ha portate.
5. **a**. Secondo me, quella ragazza non dovrebbe avere più di 25 anni.
6. **b**. Ho sentito dire che il direttore vorrebbe parlarti.

C **Cruciverba**

1. Cantautore
2. Annoiarsi
3. Sorpreso
4. Offeso
5. Banda
6. Inno
7. Solitudine
8. Tentativo
9. Speranza
10. Cuffie
11. Versi
12. Voce

4° test di ricapitolazione (unità 9, 10 e 11)

A 1. Da quando **vi conoscete** tu e tuo marito?
2. Signorina, **si trova** bene o male nella nostra città?
3. Che cosa hai? **Ti senti** male?
4. Voi **vi ricordate** come **si chiama** quella ragazza?
5. Signorina, se **si copre** bene, non avrà freddo.
6. **Ci annoiamo** quando non abbiamo niente da fare.
7. Paolo e Mario studiano insieme e **si aiutano** molto.
8. L'ultimo spettacolo comincia alle dieci e mezzo; se **ci sbrighiamo**, facciamo ancora in tempo a vederlo.

B 1. Noi **ci siamo preparati** bene per l'esame.
2. Carlo e Giacomo **si sono fatti** la barba dopo una settimana.
3. Lui **si è laureato** prima di loro.
4. Come mai tu e Paolo **vi siete vestiti** in questo modo?
5. Perché **vi siete messe** queste brutte scarpe?
6. I ragazzi **si sono affacciati** alla finestra ed hanno visto tutto.
7. **Mi sono accorto** che non capivo nulla.
8. In discoteca **ci siamo divertiti** come dei pazzi.

C 1. I ragazzi alla fine **hanno dovuto accontentarsi** di poco. / I ragazzi alla fine **si sono dovuti accontentare** di poco.
2. Solo dopo l'Università io e mia moglie **abbiamo potuto sposarci**. / Solo dopo l'Università io e mia moglie **ci siamo potuti sposare**.
3. Esci dal bagno, perché Antonella **si vuole fare** la doccia. / Esci dal bagno, perché Antonella **vuole farsi** la doccia.
4. Ieri sera i ragazzi **hanno voluto incontrarsi** un'ultima volta prima di ripartire. / Ieri sera i ragazzi **si sono voluti incontrare** un'ultima volta prima di ripartire.
5. Faceva veramente caldo e così noi **abbiamo potuto vestirci** più leggeri. / Faceva veramente caldo e così noi **ci siamo potuti vestire** più leggeri.
6. Piazza della Signoria è a due passi, così, non **vi potete sbagliare**. / Piazza della Signoria è a due passi, così, non **potete sbagliarvi**.

D 1. Ragazzi, **mettete** a posto la vostra roba!
2. Se mi vuoi aiutare, **prendi** una penna e **scrivi** quello che ti dico!
3. Signori, **entrate**, vi prego!
4. Gianni, non **fumare**, la casa è piena di fumo!
5. Per favore, quando esci, **chiudi** la porta e **spegni** le luci!
6. Marcella, non **bere** l'acqua del rubinetto, ha uno strano sapore; **bevi** l'acqua minerale.
7. Per piacere, ragazzi, prima di parlare, **pensate** bene a quello che dite!
8. Franco, **parla** meno e **finisci** di lamentarti!
9. Antonio, ti prego, non **mangiare** troppo la sera!
10. Bambini, non **giocate** con queste cose, sono pericolose!

E 1. **a.** Ragazzi, non gettate le lattine di coca cola nella spazzatura!

2. **a**. Non dire niente a nessuno!
3. **b**. Tu non mangiare troppo!
4. **a**. Ma fammi un piacere!
5. **a**. Di' a Laura di non gridare!
6. **a**. Comincia a fare le valigie e, se puoi, preparami un caffè!
7. **b**. Entra e non fare storie!
8. **a**. Giorgio, telefonami appena arrivi a casa!

F 1. **Gli ha portato** un tiramisù.
2. Sì, **le ho risposto**.
3. **Ci hanno portato** un bel niente!
4. Sì, **gli abbiamo parlato**.
5. Certamente, **ne ho data** una a lei e una a suo marito.
6. **Gli faranno** i nonni.
7. No, **gli ho consegnato** solo una parte del lavoro.
8. No, non **gli ho chiesto** scusa, e non ho nessuna intenzione di farlo!
9. No, non **ho mostrato** le foto del nostro matrimonio, ma quelle del battesimo di nostro figlio.
10. Non è vero che **ci complica** la vita!

TEST GENERALE FINALE

A
1. Sono tanto stanco; sono appena tornato **da** un viaggio **in** aereo e non vedo l'ora **di** fare una doccia e andare subito **a** letto.
2. Abbiamo preparato una relazione **su** uno **dei** più importanti poeti italiani **del** Settecento, ma non è piaciuta **per** niente al nostro professore **di** letteratura.
3. Quando potrai, passa **dalla** casa **di** mia madre e lascia a lei gli appunti **di** matematica.
4. Lavorare **in** proprio molte volte è più stancante che lavorare **per** altri.
5. Piero non ha fatto **in** tempo a prendere il treno **delle** sette, e dunque partirà **da** Bologna **con** quello **delle** nove e arriverà **a** Firenze **alle** dieci e mezzo.
6. Ho prestato **a** Francesco il mio registratore, lui l'ha dato **a** sua sorella, lei è in vacanza **in** Sardegna ed io non posso ascoltare le mie cassette.
7. Non vedo Giorgio **da** almeno due settimane; sai dov'è andato **a** finire o dobbiamo cercarlo **sulle** "pagine gialle"!!
8. Ho parlato **con** tuo figlio **al** telefono e **dalla** voce ho capito che qualcosa non andava.
9. Direttore, dobbiamo mandare un tecnico **per** controllare i computer **della** nostra sede **di** Londra.
10. Non mi sembra una notizia **di** straordinaria importanza; questa mattina non era **sulle** prime pagine **di** alcun giornale.

B
1. Se tutto **andrà** bene e non **incontreremo** altre difficoltà, **saremo** a Milano fra una settimana.
2. Solo quando **avrai finito** questo lavoro, **potrai** andare in vacanza.
3. **Farei** qualsiasi cosa per te e la tua famiglia, ma non **posso** veramente!
4. Marcello, **fammi** una cortesia: **vammi** a prendere un giornale.
5. Poco fa **ho visto** Giorgio; ha detto che **sarebbe passato** da casa, ma ancora non **si è fatto** vivo.
6. Angelo **continua** a fumare anche se il medico **gli ha detto** di smettere.
7. Quando **eravamo** studenti, non **pagavamo** quasi niente per mangiare. Oggi, invece, **mangiamo** male e **paghiamo** abbastanza.
8. Ieri **sono andato** a casa di Lucio, ma non **l'ho trovato**; infatti, **era uscito** e suo padre non **sapeva** quando **sarebbe ritornato**.
9. Signor Antonio, **vorrei** parlare solo con Lei.
10. Se **continuerai** a mangiare così poco, **perderai** i chili che vuoi!
11. Stamattina appena **sono arrivato** in ufficio, **ho acceso** il condizionatore perché **faceva** troppo caldo.
12. Claudio, **chiudi** la finestra!

C
1. **L'ho vista** ieri.
2. No, **ne ho comprata** un'altra.
3. **Ce ne erano** sicuramente più di tremila.
4. **Li abbiamo cercati**, ma non **li abbiamo trovati**.
5. Sì, direttore, **L'ha chiamata** Suo figlio.
6. No, non **lo abbiamo aggiustato** ancora, ma **lo** faremo al più presto.
7. No, non posso **portarti**, ho da fare.
8. Cosa dici, **ne fumo** cinque o sei al giorno.
9. **Lo devi consegnare** a Maurizio.
10. Certo che **mi piacerebbe**.
11. **Ci andrebbe di farla**, ma preferiamo andare in Puglia.
12. **Mi devi restituire** il libro di storia.

D 1. Signor Basile, vedo che non **si sente** bene, perché non va a casa?
2. Ragazzi, capita anche a voi di **annoiarvi** durante le vacanze?
3. Ieri sera siamo andati in un nuovo locale e **ci siamo divertiti** da morire.
4. Manuela ha detto che **si sarebbe tagliato** i capelli, ma non l'ha ancora fatto.
5. Fra amici di infanzia **ci si capisce** con uno sguardo.
6. Quando **ti sarai stancato**, potrai smettere di lavorare.
7. Luca e la sua ragazza **si sono lasciati** dopo sette anni.
8. Ma non **vi potevate** mettere d'accordo prima?!

E 1. Il professore era: **c.** una persona che si interessava in modo quasi maniacale di archeologia
2. Il professore: **b.** voleva una cameriera contadina perché sapeva cucinare
3. Nel cesto Tuda: **b.** aveva una dozzina di uova di giornata
4. Tuda era una ragazza: **b.** che non aveva mai messo piede in una città

F **Cruciverba**

Orizzontali

1. Figurati
2. Naso / Onda
3. Ottimo / Te
4. E.T. / Attico
5. Aria / Mi
6. En / Pronome
7. Rompo
8. Esame
9. Ansie
10. Mai / Tra

Verticali

1. Aerei
2. Interno
3. Gatti / Am
4. Usi / Appena
5. Roma / Rossi
6. Otto / Ai
7. To / Nome
8. Intimo
9. Decimo
10. Da / Epoca

Indice

Unità	*pagina*
Introduttiva	6
1	11
2	18
1° test di ricapitolazione	24
3	26
4	35
5	44
2° test di ricapitolazione	52
6	54
7	63
8	73
3° test di ricapitolazione	83
9	85
10	95
11	106
4° test di ricapitolazione	116
Test generale finale	118